教育部人文社会科学一般项目
编号2011YJAGJW006

构建
粮食安全共同体
东盟国家粮食安全研究

胡莹　著

SPM
南方出版传媒
广东经济出版社
·广州·

图书在版编目（CIP）数据

构建粮食安全共同体：东盟国家粮食安全研究／胡莹著．广州：广东经济出版社，2020.6
ISBN 978-7-5454-7203-5

Ⅰ．①构…　Ⅱ．①胡…　Ⅲ．①东南亚国家联盟－粮食安全－研究　Ⅳ．①F316.11

中国版本图书馆CIP数据核字（2020）第066355号

责任编辑：刘　倩
责任校对：杨　蕾
责任技编：陆俊帆
封面设计：友间文化

构建粮食安全共同体——东盟国家粮食安全研究
GOUJIAN LIANGSHI ANQUAN GONGTONGTI——DONGMENG GUOJIA LIANGSHI ANQUAN YANJIU

出版人	李　鹏
出　版 发　行	广东经济出版社（广州市环市东路水荫路11号11～12楼）
经　销	全国新华书店
印　刷	广州市友盛彩印有限公司（广州市增城区新塘镇太平洋工业区113号厂房A2一楼C区）
开　本	787毫米×1092毫米　1/16
印　张	10.25
字　数	183千字
版　次	2020年6月第1版
印　次	2020年6月第1次
书　号	ISBN 978-7-5454-7203-5
定　价	38.00元

图书营销中心地址：广州市环市东路水荫路11号11楼
电话：（020）87393830　邮政编码：510075
如发现印装质量问题，影响阅读，请与本社联系
广东经济出版社常年法律顾问：胡志海律师

目录

contents

导　论[1]

一、选题的背景

粮食是人类维系生命的必需品，虽然自古以来救助饥民与减少饥荒是政府的基本职责，但粮食安全这一概念的出现却是在20世纪70年代中期。为了应对日益严重的粮食危机，联合国于1974年召开了世界粮食峰会，会上提出了粮食安全这一概念："在任何时候世界都有充足的基本食品供应，以维持粮食消费的稳定增长和抑制粮食产品和价格的波动。"2000年联合国新千年首脑会议上达成的新千年发展目标（MDGs）是到2015年将世界处于饥饿的人口减少为1990—1992年的一半。根据联合国粮食及农业组织（FAO）的统计，1990—1992年全球处于营养不良状态的人口约为10亿人，占全球人口的18%，其中东南亚有1370.5万人，占其人口比重为30.6%。2014—2016年全球处于营养不良状态的人口下降至7946万人，比重下降至10.9%；东南亚的营养不良人口下降至605万人，比重为9.6%。对于东盟国家而言，虽然粮食不安全的状况有了极大好转，但其粮食安全仍然存在着巨大的不确定性。20世纪80年代东南亚地区的一些国家是少数实现了粮食自给的发展中国家，但90年代后粮食短缺问题又重新显现，粮食安全形势重新紧张起来。2008年爆发的粮食危机不仅对该地区的粮食安全和社会稳定产生了巨大冲击，而且一路狂飙的大米价格也传导到世界粮食市场，加剧了全球粮食价格危机。2011年东南亚地区的水灾又导致该区域粮食价格出现巨幅波动。根据经济学人智库（EIU）2015年5月发布

① 本书为教育部人文社会科学一般项目"中国与东盟国家粮食安全合作研究"（编号2011YJAGJW006）的最终成果。

的《2015年全球粮食安全指数报告》，东盟各国情况并不乐观。在这一指数榜单上的105个国家中，柬埔寨、缅甸、印度尼西亚、菲律宾、越南分别排名第96位、第78位、第74位、第72位和第65位。因此，保障粮食安全，仍是该区域各国任重而道远的目标。

1999年7月中国与菲律宾签署关于加强两国农业合作意向书以及向菲律宾提供商业杂交水稻良种的谅解备忘录，开启了中国与东南亚国家粮食及农业合作的历史进程。进入21世纪后，以《中国-东盟农业合作谅解备忘录》的签订为标志，中国与东盟国家的粮农合作进入全新发展阶段。2010年中国-东盟自由贸易区建立后，农业是中国与东盟国家之间的十大重点合作领域之一，双方在粮食安全方面建立了从多边到双边的多层次合作机制，在粮食生产、粮食贸易、粮食危机干预等领域开展了积极合作。这些合作在取得了许多令人瞩目的成果的同时，也出现了生产性合作综合效益不突出、贸易性合作存在瓶颈、危机干预性合作能力不足等问题。中国作为区域内大国，如果能够积极利用自身的农业优势，加大对粮食安全合作的投入，更多地承担起为区域内的粮食安全提供公共产品服务的职责，那么对于化解由中国崛起带来的不信任与不理解、树立中国负责任大国形象具有积极意义。

二、国内外研究现状和趋势

从20世纪80年代起，东盟国家的粮食安全特殊性引起了国际学者的强烈关注，相关专著、论文、研究报告层出不穷，概括起来看，学者们为东盟国家维护粮食安全提出的方案包括：发展农业生产，提高国内粮食的自给率；建立粮食储备体系，应对粮食危机；利用国际贸易，规避国内资源的比较劣势，发挥比较优势解决自己的粮食问题；实行粮食价格管制，维护粮食体系的稳定。在这些研究中，学者们争论的焦点在于是实行粮食自由贸易还是实行粮食价格的管制问题。2008年粮食危机之后，由世界银行、亚洲开发银行、联合国粮农组织共同组织并在东盟秘书处的协助下完成的一项报告指出，2007—2008年粮食危机中，贸易是保障粮食安全的关键性因素，其结论是“使个人和企业皆能获利的农业贸易有助于帮助国家在自身经济体内迅速而有效地应对供应危机。同样重要的是，贸易还有助于稳定价格，因为它可以在政府没有提供明的或暗的保障之下对私人商业和加工业形成激励机制”[①]。但在联合国粮农组织资助的一项研究中，David Dawe（戴维·道）从2007—2008年大米市场危机中得出的结论则不同，他认为，自由贸易将迫使粮食生产者和消费者都要忍受价格波动的代价。只有在一个自由贸易区域内，实行自由贸易的国家在信息、运输和交流方面实现了一体化，价格波动的风险才有可能降到最低。如果A国实行贸易限制，对于B国而言自由贸易会是一个困难的选择[②]。联合国农业问题专家C.Peter Timmer（C. 彼得·蒂默）认为，政府通过补贴、税收和贸易政策来影响粮食进口与出口的价格，这种对于粮食投入和产出的干预形成了所谓的粮食价格困境（food price dilemma）[③]。在粮食危机期间，高涨的粮食价格迫使政府纷纷采取增加粮食产品供应、降低粮食价格、为贫困人口提供可靠的粮食来源等干预措施。当危机逐渐缓解，政府的干预措施退出后，在市场作用的推动下，粮食价格会逐步走低，而过低的粮食价格使得投资粮食生产无利可图，在失去了农业投资后，粮食供应的增长将落后于粮食需求的增长。他认为，东南亚国家在20世纪80年代实现了粮食自给主要得益于“绿色革命”带来的农业增长和东南亚国家普遍实施的价格保护和价格稳定计划。因此，东南亚国家保障粮食安全必须是三管齐下：宏观经济的快速增长、以农业经济发展促进减贫、粮食体系的稳定[④]。对于在政府干预与自由市场的取舍方面，C.Peter Timmer主张必须将两者很好地结合起来，他认为“良好经济管理”的两个基本要素是“合理的宏观经济政策和开放的贸易政策。农业发展战略必须在‘中性的’政策框架下才起作用”[⑤]。从中国与东南亚国家粮食安全合作方面的研究看，学者们研究不多，David Dawe分析了2008年粮食危机时中国与东盟的粮食安全政策的影响，提出大米主要出口国和进口国必须加强长期价格合作。他认为这种

① Hamid R. Alavi (eds.), *Trusting Trade and the Private Sector for Food Security in Southeast Asia* (Washington D.C.: The Word Bank, 2012), p.5.

② David Dawe, *The Rice Crisis:Markets, Policies and Food Security* (London : Earthscan, 2010), p.352.

③ C. Peter Timmer, *W.P.Falcon and S.R.Pearson*, *Food Policy Analysis* (Baltimore: Johns Hopkins University Press for the World Bank, 1983), p.108.

④ C. Peter Timmer, *Food Security Strategies: The Asia Experience* (FAO Agricultural Policy and Economic Development Series, 1997).

⑤ C.Peter Timmer，程艳军：《农业和扶贫：国际经验与教训》，《农业经济问题》2005年第10期，第24—28页。

事前的价格合作可以在粮食危机爆发之前提高粮食生产国的生产意愿，进而抵御世界粮食价格暴涨给这一区域带来的压力[①]。

在国内，一些研究学者对东盟国家的粮食安全问题进行过细致的研究。吴崇伯分析了东盟各国自20世纪90年代以来的粮食供应状况，认为东盟国家出现粮食短缺问题，与国家对粮食问题的定位以及粮食生产政策密切相关。他提出东盟国家必须正确处理工业化、城市化与粮食生产之间的关系，切实保护耕地资源，坚持立足自给，供求基本平衡的原则，确保粮食安全[②]。洪凯分析了2007—2008年粮食危机对东盟国家关系的影响，认为粮食危机时期泰国、越南、柬埔寨等大米出口国限制大米出口的政策加剧了东盟国家中粮食进口国与出口国之间的矛盾[③]。贺刚通过对东盟国家城市化发展和粮食安全状况的研究，分析了东盟国家的城市发展对粮食生产供给和需求的影响，他认为随着东盟国家城市化进程的不断加快，居民对肉、蛋、奶等产品需求偏好增加，这会使粮食需求增加；而城市化发展使耕地面积减少，耕地质量下降，农业从业人口也进一步减少，这将极大地影响粮食的生产与供给[④]。贺平研究了日本在东盟与中日韩（10+3）大米紧急储备机制中的作用，他认为从区域公共产品的理论视角看，日本通过供给和消费这一区域公共产品，有效增强了自身的粮食安全性，间接地保护了本国农业，为在多哈回合谈判等多边层次争取有利于本国的舆论环境创造了有利条件，也借此加强了东亚地区的政策协调，深化了各国在应急性合作基础上的机制建设[⑤]。

在有关中国与东盟国家粮食安全合作问题方面，有相关论文数篇。吴崇伯在分析2008年东南亚各国的粮食新政的基础上，总结了中国与东南亚国家在种子贸易、粮食贸易、租赁耕地、粮食加工等领域的合作成果，提出中国与东南亚国家在农业和粮食领域的合作存在巨大潜力，在许多方面有待深入，而世

---

① David Dawe, *The Rice Crisis:Markets, Policies and Food Security*（London : Earthscan, 2010）, P.352.

② 吴崇伯:《东南亚国家的粮食安全问题及其启示》,《东南亚纵横》2000年增刊, 第101—104页。

③ 洪凯:《世界粮食危机影响下的东南亚国家粮食安全问题及中国的对策》,《东南亚研究》2008年第6期, 第31—35页。

④ 贺刚:《城市化发展对东南亚粮食安全的研究》,《特区经济》2011年第12期, 第97—99页。

⑤ 贺平:《东亚的粮食安全与大米储备——日本的实践与启示》,《农业经济问题》2016年第4期, 第103—109页。

界范围内的粮食危机进一步要求加强中国与东南亚国家在粮食领域的合作[①]。崔海宁分析了以东盟为核心的粮食安全合作多边机制，他认为东亚地区粮食安全及农业合作已建立起较完备的合作体系。然而，十几年的大规模制度建设，在总体上推动东亚地区粮食安全合作进程向前发展的同时，也在很大程度上导致整个地区陷入了一种制度过剩与成效不足并存的机制化困局。要破解东亚地区粮食安全合作困局，作为农业大国和地区大国的中国：一是应该提升对粮食安全合作的战略认知，积极主动参与地区制度建设，提供公共产品，充分发挥地区大国效应。二是重点推进“10+1”“10+3”粮食安全机制化建设与务实合作。三是以开放的心态看待美国因素，加强对美协调与合作[②]。王琦围绕东盟与中日韩（10+3）粮食安全合作战略第七届圆桌会议的主题，对区域内粮食安全问题和农业投资现状进行了分析，探讨了农业投资对粮食安全问题的作用和影响，提出各国政府、企业和政企之间要加强交流对话，充分认识资本的正负面效应。政府要主动作为，积极实践，加强对引进外资和资本输出的宏观指导和政策支持，为农业双向投资营造良好的政治和商业环境[③]。

在有关中国与东盟国家农业合作问题上，相关论述比较多。卢肖平的专著和论文是比较全面介绍中国与东盟国家农业合作的研究，他在介绍和论述东盟各国农业发展特点的基础上，分析了近年来东盟各国与中国进行农业合作的现状与存在的问题，并展望了未来双方合作的趋势。他提出，中国应该对与东南亚国家的国际合作项目有更多的主动性和计划性，要以开发性援助为主，以紧急和救济性援助为辅，两者有机结合，以帮助东南亚国家减贫和发展农业，解决粮食安全问题[④]。曾艳华主编的《东盟农业及其与中国农业合作》一书分析、介绍了东盟各国农业发展的自然和社会条件，探讨了中国与东盟各国农业合作的领域与途径[⑤]。杨东群等分析了2008年粮食危机时期东盟国家和中日韩大米生产和供应的形势，他认为东盟部分国家相继宣布限制大米出口的措

① 吴崇伯：《东南亚各国的粮食新政及其与中国的合作分析》，《南洋问题研究》2013年第1期，第42—50页。

② 崔海宁：《东亚粮食安全合作困局与中国的角色》，《外交评论》（外交学院学报）2014年1期，第90—106页。

③ 王琦：《东盟与中日韩（10+3）粮食安全与农业投资》，《世界农业》2016年11期，第56—60页。

④ 卢肖平：《中国-东盟农业合作》，中国农业科学技术出版社，2006；卢肖平：《同心协力 化危为机 共创未来——论中国-东盟农业合作》，《世界农业》2010年第1期，第1—6页。

⑤ 曾艳华主编：《东盟农业及其与中国农业合作》，广西师范大学出版社，2013。

施，进一步加剧了大米国际价格的上涨，给东盟一些大米进口国带来恐慌。而中国作为大米高产国，在稻谷种子和生产技术等方面具有一定的优势，可与东盟国家开展合作。从长期来看，加大政府支持力度，加强农村基础设施建设，是东南亚区域内国家实现粮食安全的根本保障[①]。王永春、王秀东总结了中国与东盟国家农业合作从无到有、从缓慢到加速、从封闭半封闭到贸易自由化的历程。他们认为，世界正处于构建人类命运共同体的有利时机，加强中国与东盟国家农业合作既具有地缘优势，也符合各国长远愿景，中国应进一步加强交流，促进农业文化合作，塑造地区农业强国形象[②]。曹云华、胡爱清以中国-东盟农业互联互通合作为研究内容，运用区域公共产品理论分析双边农业互联互通合作的动力、合作进程及内容，探讨影响中国-东盟农业互联互通合作的主要因素，认为中国积极谋求区域农业合作，与东盟国家共建海上丝绸之路经济带，以基础设施、投资、贸易、技术及政策互通为合作路径，有利于形成区域一体化合作机制，建立区域农业合作平台，促进双边合作共赢[③]。尚永辉、魏君英分析了在"一带一路"背景下中国与东盟国家农业合作的优势，认为在经济新常态下，中国农业从总量不足矛盾演变为深层次的结构性矛盾，着重从供给侧促进中国农业升级成为今后的中心任务。在此背景下，中国农业与国际农业的深入全方位对接是非常重要的，一方面国际市场的扩展有利于化解中国部分农产品的压仓和紧缺难题，另一方面与国际的全方位合作在一定程度上延伸了农业产业链，能够促进农业与其他产业融合[④]。

上述诸多研究不仅在材料和理论框架上为本课题奠定了一定基础，而且其提出的一些建设性建议也值得本课题借鉴。不过应该看到：首先，这些研究或以中国与东盟国家农业合作为主题，或以东盟国家粮食安全政策为主题，对于东盟国家粮食安全合作的问题没有做系统专门的思考；其次，国内现有研究大都是定性研究，相关具体政策建议的可行性论证尚有待加强；最后，从国际

① 杨东群等:《东盟和中日韩区域大米形势与政策思考》,《世界农业》2008年第7期，第28—32页。

② 王永春、王秀东:《中国与东盟农业合作发展历程及趋势展望》,《经济纵横》2018年第12期，第88—95页。

③ 曹云华、胡爱清:《"一带一路"战略下中国-东盟农业互联互通合作研究》,《太平洋学报》2015年第12期，第73—82页。

④ 尚永辉、魏君英:《"一带一路"下中国与东盟农业合作研究》,《合作经济与科技》2017年第9期，第9—11页。

政治经济学视角研究东盟国家与中国粮食安全问题的成果较少。

三、本课题研究的意义

本课题研究的理论意义在于：用国际政治经济学的视角研究东盟国家粮食安全问题，既拓宽了粮食安全研究的视角，也加深了非传统安全研究的厚度。像诸多国际政治研究中的非传统安全课题一样，粮食安全是审视中国与外部世界的关联及互动的重要课题。本课题用国际政治经济学视角研究粮食安全问题，通过分析权力对市场的影响以及国内与国际的互动，试图揭示粮食作为一种资源如何在国际政治中实现跨国流动。

本课题作为应有研究，其更大的意义在于实际应用价值：其一，研究东盟国家粮食安全战略对中国的影响，为增强中国的粮食安全保障提供具体政策建议。长期以来，中国政府把努力稳定国内粮食总产量作为保障粮食安全最根本的路径选择，粮食自给率一直稳定保持在95%左右；但是应该看到中国气候条件复杂、生态环境脆弱、自然灾害频发、易受全球气候变化的影响，要实现如此高的粮食自给率目标，存在诸多不确定因素。因此为保障中国粮食安全，在稳定国内粮食生产的同时谋求海外保障路径是一种不能排除的选择。东南亚地区作为世界主要大米生产地和消费地，其粮食安全与中国粮食安全存在相关性。这主要表现在：一方面，东盟国家大米生产和出口的波动会对世界大米市场进而对中国粮食安全产生影响，如在2008年粮食危机中，泰国、越南等国实行了大米出口禁运，这进一步加剧了全球大米市场价格的上扬，给我国粮食安全带来一定压力；另一方面，东盟国家土地和气候条件适宜，是中国海外租田种粮的理想场所，对中国粮食安全具有积极意义。本课题将分析涉及中国与东盟国家粮食安全合作政策的诸多具体问题，如中国与东盟国家进行粮食安全合作的方式和路径有哪些？障碍因素是什么？中国在东盟国家租田种粮的可行性和安全性如何？粮食危机时东盟国家中的大米出口国实行粮食出口禁运，中国将怎样应对？为中国的粮食安全战略提供更多切实可行的政策建议。

其二，研究中国与东盟国家粮食安全合作政策，推动中国与东盟国家经济一体化进程。自21世纪初以来，随着中国与东盟国家经济一体化合作的加速，双方在粮食安全方面的合作也全面展开，取得了许多令人瞩目的成果。但国内学术界似乎对这种合作的关注程度不够。影响东盟国家粮食安全合作的因素究竟有哪些？如何评估东盟国家与中国粮食安全开发性合作？中日韩和东盟十国共建的粮食安全储备库的效果如何？如何进一步推动中国与东盟国家在粮食危机干预性方面的合作？本课题将对上述问题进行定性与定量分析，并给出具体的政策建议，以推动中国与东盟国家粮食安全合作的深化与发展。

四、本课题的研究目标、拟突破的重点和难点

1. 本课题的研究目标

本课题研究的宗旨在于为保障东盟国家粮食安全和加强中国与东盟国家合作提供有效政策建议，为达到此目标，本课题研究拟解决以下三个问题：一是分析梳理东盟国家粮食安全政策；二是评估中国与东盟国家现有粮食安全合作机制；三是提出加强中国粮食安全和双方合作的政策建议。

2. 本课题拟突破的重点和难点

第一，通过对中国与东盟国家现有粮食安全开发性合作的分析评估，提出现有双方合作对中国而言是政治收益大于经济收益，而中国在东盟国家租田种粮战略是保障中国粮食安全的有效途径。但这一战略由于东道国的政策因素而进展缓慢，建议加大对于在东盟国家租田种粮企业的政策扶持力度。

第二，通过对中国与东盟国家粮食危机干预机制的分析评估，提出现有应急机制既不能满足区域内粮食安全的需求，也没有区分区域内大米出口国和进口国的不同需要，建议建立特殊大米出口关税同盟，在粮食危机期间对于出口到区域外的粮食征收高关税，区别对待区域内大米出口国和进口国的不同需求，维持区域内粮食价格的稳定。

五、非传统安全视阈下的粮食安全

1. 关于粮食安全概念

粮食安全概念始于20世纪70年代初，当时连续的自然灾害造成粮食减产，同时人口的激增导致粮食需求增加，全球范围内出现了“二战”后30年来最严重的世界性粮食危机。在1974年于罗马召开的联合国粮农组织大会上，联

合国粮农组织将粮食安全定义为："保证任何人在任何时候都能得到为了生存和健康所需要的足够食物。"虽然这一概念比较抽象和笼统，但是至今仍被广泛采用。1983年，时任FAO总干事的爱德华·萨乌马（Edouard Saouma）将粮食安全重新定义为："粮食安全的最终目标是确定所有人在任何时候，都能买到和买得起所需的基本食物。"这个概念具体包括三项目标：①确保生产足够数量的粮食；②最大限度地稳定粮食供应；③确保所有需要粮食的人们都能获得粮食。与旧定义不同的是，新定义既要求发展生产，提高粮食的供应量，又要求建立确保粮食稳定供应的机制，同时不断增加收入，提高购买力。1992年，在FAO和世界卫生组织（WHO）共同召开的世界营养大会上，粮食安全被赋予了营养方面的内涵："任何人都可以获得安全营养的食品来维持健康生活。"从FAO对粮食安全的定义看，其趋势是从强调国家民族整体安全一步步趋向于保障个人的粮食安全和食品安全。

本书对于粮食安全的定义理解更倾向于1974年FAO提出的定义，即强调粮食的可获性。粮食的可获性包括如下两个方面的内容：一方面是生产能力，即该国生产出足量的粮食以满足当地需求的能力。另一方面是购买能力，从宏观上看，是在国内粮食生产不足时，该国从国际上购买到足量粮食的能力；从微观上讲，是指该国贫困人群获得足够粮食的能力。从非传统安全视阈看，粮食安全作为经济安全的重要内容，是涉及国家和民族生存的重大问题，1994年联合国开发计划署发表《1994年人类发展报告》，提出"人类安全"的七个新领域：经济、粮食、健康、环境、人身、共同体和政治安全。因此，从非传统安全视阈考察粮食安全，本书关注的是国家安全而非个人安全，书中提及的东盟国家粮食安全政策也主要是指东盟国家为了保障粮食生产和供应而采取的措施，基本不涉及为保障食物的健康和有效而采取的措施。

2. 粮食安全相关指标

本书在考察东盟国家粮食安全状况时，主要采取的指标有：

（1）营养不良人口所占比重。

这是FAO提出的一个评价标准：当一个国家或地区营养不良（人均每日摄入热量少于2100卡路里）人口的比重达到或高于15%时，该国或地区就是粮食不安全国家或地区。

（2）粮食自给率的水平。

粮食自给率是指一个国家或地区一年的粮食产量占当年粮食消费量的比重。通常情况下：一个国家或地区的粮食自给率达到100%甚至以上，表明其处于完全自给的状态；自给率在95%～100%，表明其处于基本自给状态；自给率在90%～95%，表明其处于可接受的粮食安全水平状态；自给率低于90%，表明其处于粮食供求风险较大的状态。

（3）粮食储备水平。

1974年，联合国粮农组织通过的《世界粮食安全国际约定》要求，各国政府的粮食储备不应低于谷物消费量的18%，这是保证世界谷物库存量安全的最低水平。

第一章

东盟国家粮食安全相互依赖及东盟国家与中国粮食安全相互依赖

毫无疑问，相互依赖是我们这个时代最突出的特征之一，就如罗伯特·基欧汉和约瑟夫·奈在他们的著作《权力与相互依赖》一书中开篇即言“我们生活在一个相互依赖的时代”。在这样一个相互依赖的时代，粮食作为人类生存和发展的必需品，不仅事关各国经济命脉和民生大计，也事关全球发展和安全，粮食安全也就成为全球公共问题，与能源安全、金融安全并称“世界三大经济安全问题”。由于地理、经济和文化等因素的影响，东盟国家在粮食安全问题上存在着相互依赖的关系。

第一节　从相互依赖看世界粮食危机

粮食安全使人免受饥饿的威胁，是保障“人的安全”的重要组成部分[①]。2008年粮食危机表明，在一个相互依赖日益深化的时代，各国在粮食危机中都表现出脆弱性与敏感性，唯有在粮食问题上加强合作，才能确保自身的粮食安全。

---

① United Nations Development Programs, *Human Development Report 1994* (New York: Oxford University Press, 1994), p.23.

一、粮食危机：脆弱性与敏感性

联合国粮农组织统计数据显示，FAO谷物价格指数从2006年以来一路高涨，并在2008年4月达到顶峰，为274，超过价格基数174%。其中稻米价格指数在2008年5月一度飙升至322，上升了2.2倍。低质量籼米的价格指数一度攀升至399，上升了将近3倍[①]。随着小麦、玉米、大豆、大米价格的不断攀升，全球遭遇了一场前所未有的粮食危机，这场“无声的海啸”给世界粮食安全提出了严峻的挑战。

根据国际政治经济学中的新自由制度主义学者提出的复合相互依赖理论，随着各国经济和社会交往的扩大，当交往产生需要有关各方付出代价的相互影响时，相互依赖便出现了。行为体之间的相互依赖并非一定是对等与均衡的，最有可能影响行为体应对过程的是非对称性的依赖。在某种关系中，依赖性较小的行为体常常拥有较强的权力资源，该行为体有能力促动变化或以变化相威胁，而一旦该关系发生变化，则相比而言，该行为体方付出的代价小于他方[②]。理解权力与相互依赖的关系有两个关键性指标：敏感性与脆弱性。敏感性是指某政策框架内做出反应的程度——一国变化导致另一国发生有代价变化的速度有多快？所付出的代价有多大？[③]脆弱性是指行为体因外部事件强加的代价而受损失的程度，一个行为体脆弱性的程度取决于其获得可替代选择的相对能力及其代价[④]。在2008年粮食危机中，无论是粮食净进口国还是粮食净出口国，持续高企的粮价都给它们带来了巨大的影响，不同程度地让它们付出了代价。但由于它们对全球粮食体系的依赖程度不同，它们在危机中表现出的敏感性与脆弱性程度也不同。

那些受到高粮价危机严重冲击的国家可称之为“脆弱性国家”，这些国家都是一些人均收入水平低、国际支付能力差的粮食净进口国。根据复合相互依赖理论，一个行为体脆弱性的程度取决于其获得可替代选择的相对能力及其代价。由于粮食关系到人民的生存，与粮食净出口国相比，粮食净进口国更依赖于国际市场，在世界市场出现价格动荡时选择其他替代方案的能力相对受到限制。但不能把所有粮食净进口国都看作是脆弱性国家，那些粮食自给率较

① FAO统计数据。
② 罗伯特·基欧汉，约瑟夫·奈：《权力与相互依赖》，北京大学出版社，2002，第10页。
③ 罗伯特·基欧汉，约瑟夫·奈：《权力与相互依赖》，北京大学出版社，2002，第12页。
④ 罗伯特·基欧汉，约瑟夫·奈：《权力与相互依赖》，北京大学出版社，2002，第14页。

高，或者国际支付能力强的国家都不在此列。因为，粮食自给率高的国家在国际市场动荡时可以靠挖掘国内市场来弥补，而一些自给率极低的发达国家由于有较强的国际支付能力因此选择替代方案的能力较强。只有在那些人均收入水平低、国际支付能力差的粮食净进口国，不断飞涨的粮食价格才对消费者的购买力和获取粮食渠道造成不可弥补的影响。2008年，据联合国粮农组织估计，受到高粮价危机严重冲击而特别脆弱的国家共有22个，“因为它们非常贫穷，大部分粮食需求有赖于进口”[①]。

在这次粮食危机中，高粮价对脆弱性国家的影响主要表现为：第一，饥饿人口大幅度增加。据联合国粮农组织估计，这次粮食危机将使世界新增饥饿人口7000万人。2008年，在非洲，联合国粮农组织粮食安全分析处称，索马里到2008年底将有350万人（即约总人口的半数）需要生计支持或人道主义援助。由于高粮价、内乱和正在收获的次季作物收成不佳，2008年11月以前埃塞俄比亚需要紧急粮食援助的人数为460万人，比2008年4月的估算数字高260万人。在乌干达，有70多万人处于粮食不安全境地，需要紧急粮食援助。在津巴布韦，世界粮食计划署作物和粮食供应联合评估团估计在2008年7～9月期间，约有200万城乡人口处于粮食不安全境地，10～12月期间增至380万人，而到2009年1～3月的饥荒最严重时期将达500万人的峰值。在亚洲，塔吉克斯坦的农村地区，有11%的家庭（50万人）处于粮食严重不安全境地，110万人处于粮食轻度不安全境地。尼泊尔有30多万人面临粮食供应朝不保夕的状况[②]。第二，引发社会动荡。加勒比国家海地即因粮而乱，海地80%的大米依赖进口，由于全球粮价上涨，2008年海地的大米、大豆和水果的价格比2007年上涨了50%，面食价格更是翻了一番。2008年4月3日，海地南部莱凯市最先发生饥民暴力抗议活动，抗议者焚烧联合国维和部队军车，袭击联合国维和士兵，并哄抢食品店。随后，暴力抗议活动蔓延至海地各大城市。4月12日，海地总理雅克·爱德华也因“工作不力、在推动国内粮食生产等方面未取得成效”而被参议院解除职务，成为此轮粮价飙升以来因粮价下台的第一位政府总理。除海地外，埃及、喀麦隆、科特迪瓦、毛里塔尼亚、莫桑比克和塞内加尔等国也出现了由粮价上涨和供应短缺造成的骚乱。第三，经济严重下滑。饥饿不仅对人类生存造成巨大威胁，历史经验证明饥饿和营养不良还会给劳动生产率、健康和

① James A., *Paul & Katarina Wahtberg:A New Era of World Hunger*?（FES Briefing Paper 7 August, 2008）, p.2.

② 联合国粮农组织：《最新粮食紧急情况》，《作物前景与粮食形势》2008年第4期。

教育等方面带来不利影响，最终导致整体经济增长水平下降。联合国粮农组织的经济学家考斯塔斯·史塔莫里斯认为“饥饿是贫困的一个原因，而不仅仅是它的后果”。据他估计，从解决贫困问题所需资金和收入损失两方面来计算，饥饿的经济成本估计为每年数千亿美元①。

其他的国家虽然没有如脆弱性国家那样在高粮价的影响下出现饥荒和动荡，但持续高企的粮价也使它们不同程度地受到影响，表现出相互依赖的敏感性。衡量敏感性并非只有跨国界交往规模一个尺度，交往变化付出的代价对社会和政府的影响也是衡量尺度之一。在这次粮食危机中，高粮价对这些敏感性国家产生了巨大影响。一是导致各国粮食供求紧张，粮食安全问题凸显。在美国，2008年4月由于消费者担心世界范围内的粮食短缺会导致供应紧张，粮价攀升，因此许多人都大量采购米、面等粮食囤积起来，使得粮食供求紧张。在沃尔玛超市和美国最大的会员制仓储超市好事多，大袋装大米已经脱销，很多分店都不同程度地对大米或者食用油和面粉实行限量购买。在日本，日本政府的一份调查结果显示，80%的日本人对食品供应前景感到担忧。日本政府发现总额为2300亿日元（23.7亿美元）的粮食预算已提前两个月耗尽，因此不得不动用550亿日元的粮食储备金。据悉，这是日本政府自“二战”以来首次采取如此激烈的行动②。印度虽然是全球最大的大米出口国之一，每月的非巴斯马蒂大米出口量约为30万吨，印度的粮食储备量为6000万吨，但在这次粮食危机中，这些粮食储备很快被掏空，迫使政府对粮食出口实行限制。菲律宾作为当时全球最大的大米进口国，又是发展中国家，粮价上涨给国内民众生活及国家经济安全带来了极大的影响。据菲律宾国家粮食署估算，2008年菲律宾进口稻米所需的成本将超过15亿美元，同时国家粮食署为平抑国内粮价所需支出的补贴也将超过5亿美元③，这对本已背负财政赤字的菲律宾政府而言无疑是雪上加霜，其国内粮食安全形势非常严峻。二是导致生活成本上涨，增加了贫困家庭的困难。即使是在受危机影响程度较小的美国，《今日美国》报与盖洛普公司在2008年4月18~20日针对1016名美国消费者联合推出的一项民意调查显示，有73%的被调查者表示连续上涨的粮食价格使他们感到忧虑，有近半数的受访民众称食品价格攀升已经使他们的家庭生活出现了困难，其中一部分人的困难十分严重。实际上，民众的担忧是有根据的。美国劳工部的统计数据表

---

① http://www.fao.org/newsroom/en/news/2008/1000923/.访问日期：2019年5月17日。

② 储昭根：《全球粮食危机启示录》，《观察》2008年6月1日，第52页。

③ 竺彩华：《世界粮食危机对东亚的影响及其应对》，《国际经济合作》2008年第8期，第78页。

明，2008年美国许多食品价格上涨飞快，白面包的价格上涨了16.3%，牛奶涨价13.3%，香蕉价格比2007年高出17%，而鸡蛋价格的涨幅竟然高达34.8%。2007年2月至2008年，食品价格平均涨幅为5.1%，但作为食品券基准的一篮子食品价格同期涨幅为6.5%。价格飙升使恩格尔系数偏高的穷人越来越难以应付基本的生活需要，美国每年已有3500万人难以获得充足的食物，占总人口的10.9%[①]。三是增加通胀率，影响经济发展。以东亚国家为例，根据国际货币基金组织（IMF）的预测，由于高通货膨胀压力，东亚国家经济在持续多年的高增长后，将在2008年有所放缓。中国将从2007年的11.9%降至9.3%，日本从2.1%降至1.4%，新加坡从7.7%降至4%。

二、粮食危机的根源：不公正的全球粮食分配体系

2002年以来，世界人口并没有显著增加，世界人口增速一直呈下降趋势，同时世界粮食总产量总体却保持了温和增长，2006—2007年度世界谷物贸易量较上年度增加720万吨，2007—2008年度世界粮食总产量在上年度丰收的基础上又增长了8900万吨，达16.6亿吨，创历史新高。其中，小麦、玉米、大米产量分别比上年度增加1370万吨、6690万吨和470万吨，总量增加8530万～18亿吨[②]。因此，可以认为这次粮食危机产生的根源不在于粮食产生领域，而在于粮食分配领域。

首先，西方国家的生物能源战略改变了世界粮食供求格局。近年来，由于世界石油价格的居高不下，美国、欧盟等经济体在环保主义者施加的压力下大力推广生物能源战略，这在很大程度上改变了世界传统农业出口大国的农业生产格局，使它们将大量原本出口的玉米、菜籽、棕榈油转用于生产生物燃料，从而导致世界粮食供求状况发生变化，粮食价格上涨。据估计，在2007年，有约8000万吨的谷物被用于生产生物燃料，美国1/4的玉米已被用于生产生物燃料，2008年用于生产生物燃料的谷物将达到1亿吨。在2008年4月，世界银行的一项评估报告认为，生物能源应该为粮食价格上涨承担一半以上的责任[③]。

其次，西方金融投机商针对农产品的投机、炒作行为扭曲了粮食价格。

① 储昭根：《全球粮食危机启示录》，《观察》2008年6月1日，第52页。

② 贾善和：《全球粮食危机的深层原因、影响及启示》，《经济研究参考》2008年第35期，第11页。

③ James A., *Paul & Katarina Wahtberg:A New Era of World Hunger?*（FES Briefing Paper 7 August 2008）, p.5.

美国次贷危机爆发以来，全球股市和债市持续低迷，大量资金转移战场，流向供求平衡相对紧张、投资风险相对减弱的粮食等大宗商品市场。1998年大宗商品指数的投资资金规模仅有100亿美元，2007年迅速增加到1420亿美元，2008年前两个月又增加300亿美元[①]。金融大鳄们大量购买农产品期货，等待价格涨到合适的程度再抛售，大量流动资金短期内转投包括粮食在内的农产品期货，导致农产品期货价格飙升，这大大激化了世界粮食供需矛盾，世界粮食价格被严重扭曲。

最后，从根源上看是贸易自由化造成了世界粮食体系的不公，激化了世界粮食供需矛盾。第一，自由贸易导致粮食定价权由发展中国家向少数发达国家集中。长期以来，自由贸易比较优势理论的传播钝化了许多发展中国家发展自身农业生产的愿望，它们天真地认为，世界粮食供应永远是充足的，可以完全依赖于以便宜的进口来替代国内生产。而具有讽刺意味的是，自由贸易的推动者——美国与欧盟国家在粮食贸易中却实行保护主义的措施。一方面，它们在国内建立各种贸易壁垒，并迫使发展中国家接受以限制其农产品在自己国内的销售；另一方面，它们给国内的农产品巨额农业补贴以促进出口，造成国际农产品价格的扭曲，用极低的国际农产品价格冲击发展中国家，使那里的中小粮食生产者不得不放弃农业生产，转而生产其他经济作物，致使许多中小发展中国家的粮食自给能力严重不足。目前，有2/3的发展中国家由粮食净出口国变成粮食净进口国，由于丧失了粮食市场的定价权，它们对于世界粮价的波动十分敏感。联合国粮农组织的统计资料显示，世界粮食生产逐渐向美国、加拿大、澳大利亚、乌克兰等集中，它们控制了世界粮食出口量六成以上，其中仅美国的粮食出口量就曾经一度占了全球的1/3。这些国家凭借先进的农业技术和丰富的耕地资源生产着远远超过其本身消费量的粮食，占据着世界粮食市场的垄断和主动地位。第二，自由贸易导致政府丧失粮食生产和贸易的主导权，世界粮食市场越来越被全球粮食寡头和金融巨头操控。在自由贸易和自由市场的名誉之下，世界银行和国际货币基金组织向世界各国施加压力，要求各国政府减少粮食库存储备和对粮食市场的干预，这些自由化和私有化的政策不仅使许多发展中国家的农业投资意向明显下降，而且大大削弱了各国政府管理粮食企业及监督粮食供应与价格的能力。全球粮食的生产与销售及市场的定价权越来越被全球粮食寡头和金融巨头操控。ADM、邦吉、嘉吉和路易达孚四大粮

① 贾善和：《全球粮食危机的深层原因、影响及启示》，《经济研究参考》2008年第35期，第12页。

食寡头垄断了全球粮食80%的交易量，在近30年的历史中，使政府逐渐退出粮食市场，对选种、耕种、面积、产量、储存、运输、定价等所有环节都进行了操控，形成了前所未有的定价权。

粮食问题是一个关乎人民生死存亡的问题，食物权是人权的重要组成部分。粮食市场的涨价并不能有效抑制需求，这是由世界人口数量和需求量刚性决定的。在一个全球化日益发展深化的时代，各国在粮食问题上的相互依赖使任何国家都不能在一场席卷全球的粮食危机中独善其身。从国际政治经济学视角看，养活世界各国人民的根本之道除了发展农业、增加粮食产量之外，还在于世界各国在粮食安全问题上的通力合作。各国可以通过区域与双边合作的方式，在农产品市场准入、出口补贴、农产品价格形成机制、动物及植物检疫等问题上加强协调，有效地提高抵抗全球粮食危机的能力，确保自身的粮食安全。

第二节　大米与东盟国家粮食安全

大米是世界超过一半人口的主食，其产量的90%都来自亚洲。大米在东亚和东南亚国家占有特殊的地位，这里是大米的发源地，也是大米的主要生产地和消费地。作为东盟国家人民的主食，大米是维护东盟国家粮食安全的最具敏感性和重要性的谷物。

一、大米是“生命的谷物”

东南亚地处热带，这里高温多雨，四季如夏，常年处于高温和高湿度之中，不适宜种植诸如小麦、大麦之类的谷物，相反，水稻对这样的环境却很适应。大米的淀粉含量为75%～80%，植物蛋白的含量为6%～8%，而这两者在气候炎热与潮湿的环境中非常容易被机体消化吸收。所以，大米历来是东南亚地区居民的主要食品，在日常口粮中所占比重为60%（印度尼西亚）～90%（缅甸与泰国）。

2001—2009年，东南亚地区平均大米的消费量为9771万吨。如表1-1所示，东南亚地区大米产量占世界大米总产量的比重从2007年的28.1%增长至

2017年的31.0%。在大米贸易方面，2001—2009年，东南亚地区大米平均产量为1.11亿吨，每年平均出口量为1642万吨①，相当于世界大米总出口量的一半，其中泰国与越南稳居世界大米出口第一和第二大国。

在东南亚地区，“二战”以来除个别粮食危机时段外，大米长期维持了一个相对低的价格。如图1-1所示，1991—2008年，世界几大大米出口国的大米价格基本维持在每吨270美元以下的水平。

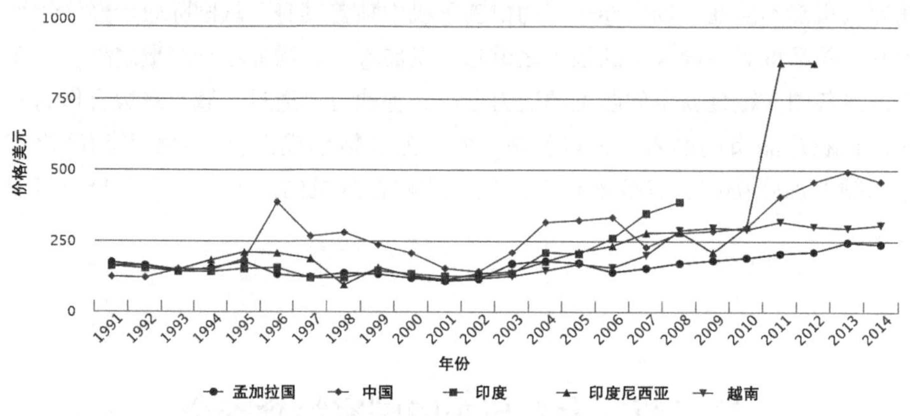

图1-1　世界主要大米出口国的每吨大米价格

数据来源：FAOSTAT（联合国粮农组织统计数据库）。

粮食价格的稳定，为东南亚地区物价的稳定做出了贡献。同时，相对低的粮食价格也使东南亚地区人民生活成本大大降低，使得东南亚地区各国在工业化过程中可以保持相对低廉的工资水平，有利于降低工业制成品的成本，提高其国际竞争力。可见，大米关系到东南亚地区人民的生存和政权的稳定，是一种“生命的谷物”。

表1-1　2007—2017年东南亚地区大米产量占世界大米总产量的比重

年份	世界大米总产量／亿吨	东南亚地区大米产量／亿吨	占比／%
2007	6.57	1.85	28.1
2008	6.88	1.93	28.0
2009	6.87	1.98	28.8
2010	7.02	2.03	28.9

① 美国农业部（USAD）统计数据。

（续表）

年份	世界大米总产量／亿吨	东南亚地区大米产量／亿吨	占比／%
2011	7.21	2.04	28.9
2012	7.33	2.11	28.8
2013	7.38	2.12	28.7
2014	7.41	2.10	28.3
2015	7.45	2.29	30.7
2016	7.56	2.35	31.1
2017	7.70	2.39	31.0

数据来源：FAOSTAT。

二、大米是“精神的谷物”

关于稻谷的起源，学界有不同的解读，东南亚地区、印度和中国都被认为是稻谷的发源地。近几十年来，中国的农业考古已有相当充分和具有说服力的发现和相关的研究证明，中国栽培稻和以栽培稻为基础的稻作业于大约公元前10000年到公元前6000年在长江中下游地区产生并且逐渐得到发展，此后通过从中国东南沿海到东南亚地区的海路，从江西、湖南经广东、广西进入中南半岛以及从云南南下等几条道路逐渐传入东南亚地区。著名的东南亚史学考古学者、新西兰奥塔兰大学教授查尔斯·海厄姆在2002年出版的《大陆东南亚的早期文化》中也认为，广泛、深入的研究表明，稻谷经历了一个长期的、内在的过程，这一过程发生在公元前10千纪至公元前8千纪的长江中下游地区，东南亚地区的稻谷栽培技术从中国传入[①]。

稻谷传播到东南亚地区后，东南亚地区人民以稻作为本，以大米为主食，大米深深地影响到人们的精神。与游牧民族人口富于流动性的特征相比，水稻的种植需要固定的农田，需要精耕细作，因此人口聚族而居，在进食上采取以一家人或一桌人为单位的合食制，习惯于和平稳定的生活，这样就形成了一种勤劳、善良、协调、团圆的文化。以大米为主的生产方式和生活方式培育了共同的文化形态，即大米文化。

西方学者将古代东南亚文化概括为：“水稻田的耕作”“黄牛和水牛的

---

① 贺圣达：《稻米之路：中国与东南亚稻作业的起源和发展》，《东方论坛》2013年第5期，第23页。

驯养”“由灌溉耕作而产生的组织”①。而我国学者在研究了东南亚国家稻谷起源神话后认为，“古代东南亚文化有两个方面的特征：一是母系氏族社会的精神文化，二是稻作农业的物质文化”②。

对泰国人民来说，大米不仅仅是能填饱肚子的主食，更是人们的生命。自古以来泰国人民就把Mae Posop（湄菩诗）女神视为稻谷的化身和一切谷物的神灵。因此对于泰国人来说Mae Posop和大米的地位犹如人类的生命。倒在地上的大米不能踩踏，剩下的饭不能扔在地上，即使是留给宠物的饭菜，也不能直接扔在地上，应该以碗盘或落叶为托。这种现象足以说明泰国人民对稻谷神及稻谷是何等崇敬与珍惜，而蕴含在稻谷神背后的文化信息即是泰国人的基本社会道德——孝顺和节俭。

越南的《万全历》和《协纪历》等历法书都采用中国的二十四节气和干支纪日。因此，同中国农业利用二十四节气来指导和安排农业生产一样，越南的水稻种植也是以二十四节气作为根据，并结合当地实际气候情况安排水稻播种、田间管理和收获等农事活动。越南学者裴辉答（Bùi Huy Đ á p）的《越南稻作文明和水稻种植》（*Văn minh lúa nước và nghề trồng lúa Việt Nam*）一书主要论述了从和平文化时期至今，越南水稻种植的发展过程、越南稻作文明的主要特征以及水稻种植经验和风俗习惯等。

马来西亚的马来人以种稻和捕鱼为生，一直保留着对稻谷的崇拜，如果有人生病，人们就做一只里面装上大米、香料以及木头傀儡的小船并把小船放入河里，祈祷小船将疾病和招致不幸的恶鬼带走。马来西亚的伊班人是北加里曼丹岛最大的民族，特别注重祭祀稻谷神，在耕作季节来临之前要举行各种祭祀活动，祈祷丰收。爪哇人是印度尼西亚的主体民族，主要分布在爪哇岛，属蒙古人种马来类型。爪哇人主要种植水稻，每次收割完毕都要祭祀稻谷神。在婚礼上，人们会往新郎、新娘身上撒大米，祝他们像稻谷一样多生贵子③。

总之，稻谷的种植影响到东南亚地区人民的生活节律、政权稳定、文化风俗、民族性格等诸多方面。对于东南亚地区人民而言，大米是从物质层面和精神层面皆能给予力量的谷物。

① 丹·乔·艾·霍尔：《东南亚史》（古代部分），赵嘉文译，云南省历史研究所编印，1979，第10页。

② 刘付靖：《东南亚民族的稻谷起源神话与稻谷崇拜习俗》，《世界民族》2003年第3期，第69—75页。

③ 同上。

三、世界大米市场的特点

（1）世界大米市场非常狭小，大米出口集中于少数几个国家。

大米是大部分亚洲人的主食，大米在亚洲大多数国家的粮食安全中有着与欧美地区截然不同的重要性。就如美国农业史专家彼得·考克莱尼斯所说，"东方世界，这一谷物的力量是日常食物的全部；在西方，大米只是日常食物的一种多功能和便宜的替代品或补足品""在西方，大米从来没有被视为赖以生活的物品"①。大部分亚洲人几乎餐餐吃米饭。所以，亚洲大多数国家都将大米的自给列为国策并努力保持稳定的价格以保障大米供给，确有剩余时才允许出口。近10年来，小麦、玉米的世界贸易量各超1亿吨，而大米贸易量只有0.2亿吨左右，仅占世界大米总产量的4%左右。这是因为亚洲各国严格执行稳定大米供给的生产、消费、贸易政策。除泰国、巴基斯坦、越南、缅甸等国在世界大米市场上的出口量较稳定外，大部分亚洲国家在世界大米市场上的交易量都不稳定。这导致大米出口贸易主要集中于泰国、美国、越南、巴基斯坦、缅甸等国，其出口份额约占世界大米总出口量的80%。大米国际贸易缺乏内在的持续增长机制，从而影响了世界大米市场的培育与发展。

（2）世界大米市场受亚洲大米生产和贸易大国的政策影响大，大米的价格走向呈现与小麦等谷物的价格不同的特征。

大米生产和贸易大国都在亚洲，为了确保国内米价稳定与供给，亚洲各国通过政策干预，使国内大米市场与世界大米市场相分离，每当国内大米丰收时，就将多余的大米推向世界市场，而粮食歉收时则限制粮食的出口。因此，大米的价格走向呈现出与小麦等谷物的价格不同的特征：价格低廉时出口量增加，价格高涨时出口量减少。大米的价格变化与小麦等谷物的价格变化不同，小麦的世界市场价格上涨时，其总出口量增加。但大米的情况却往往相反，其国际价格的变化与出口量成反比，即当世界市场上大米短缺时，大米总出口量减少，大米的世界市场价格则很快上涨。原因在于作为亚洲人主食的大米具有很强的自给性，当世界市场米价上涨时，亚洲各国首先考虑的是确保国内供应与国内米价的稳定，因而减少出口量。亚洲大米进口国所需部分无法得到满足，导致世界市场上大米需求量骤增，因此当世界市场米价上涨时，总出口量

① 彼得·考克莱尼斯：《农业的全球化：大米贸易的警示》，《史学理论研究》2001年第1期，第114页。

反而减少。例如，2008年粮食危机时，大米价格上涨了200%以上，但大米总出口量却下降了7.5%。而当世界市场米价下跌时，亚洲大米一般增产，出口国为防止国内米价暴跌，同时为获取外汇而将大米推向狭小的世界市场，这类做法往往又导致世界市场米价的进一步下跌。

（3）大米生产弱质性比较突出，加剧了世界大米市场的不稳定性。

根据农业弱质性产业理论，作为基础产业，农业生产的特性主要表现为农业生产的风险成本较大。农业面临的风险成本主要来自三个方面：①自然风险。自然风险是指与农业生产密切相关的各种自然灾害性因素，如暴风雨、洪涝、干旱、冰雹、霜冻、病虫害等，都会对农业生产造成损害。②市场风险。市场风险主要是指市场供求失衡导致的价格波动给农业生产者和经营者造成收益上的风险。与工业品相比，绝大部分农产品的需求价格弹性较小，当种种不确定性带来的风险使农产品的需求量发生变化时，农产品价格必将出现大幅度波动。③预期风险。农业生产周期长，农产品的供给难以及时追随市场价格的变化，导致农产品稀缺和过剩效应被放大，促使价格出现更大的波动。因此，农业生产者和经营者难以建立稳定的价格预期，农业承担市场风险的能力显著弱于其他产业。

与小麦等其他谷物相比，大米生产弱质性更为突出。主要原因在于大米主要生产国和出口国都在亚洲，这些国家普遍工业化程度较低，大米生产机械化程度也不高，受气候与市场环境的影响更大。有关资料表明，由于缺少灌溉设施，靠天吃饭的稻田面积占全部收获面积的情况是：孟加拉国88%、泰国78%、缅甸87%、菲律宾60%左右。有关调查表明，泰国东北部稻谷生产约3年有一个普通年成，5年有一个歉收或无收年成。此外，由于亚洲受季风影响，每7年为一个干旱周期，这种周期性干旱同时连带其他谷物减产，并导致世界粮食市场价格波动[①]。

总之，世界大米市场容量比较小，受各生产与贸易大国宏观政策影响大，大米生产弱质性突出的这些特点，都使得世界大米市场呈现出不稳定特征，市场价格更为敏感，波动更大。

① 朱明德：《当前世界大米市场的八大特点》，《粮食问题研究》1996年第6期，第43—44页。

第三节　东盟国家粮食安全相互依赖

一、东盟国家粮食安全的脆弱性

战后相当长时期里，东盟国家为实现粮食自给做出了不懈的努力，到20世纪80年代初，东盟国家成为少数实现了粮食自给的发展中国家区域。但是从80年代中期开始，东盟国家粮食安全状况出现反复。尤其是经历了2008年粮食危机后，东盟各国为了保障粮食安全，纷纷采取多种措施发展农业生产，确保粮食生产和粮食安全。近年来东盟国家稻谷生产率已逐年提升，稻谷总产量从1993年的1.23亿吨增加到2013年的2.12亿吨，营养不良人口从1991年占人口总额的30.6%下降到2015年的9.6%，粮食安全状况得到很大程度的改善（见图1–2）。

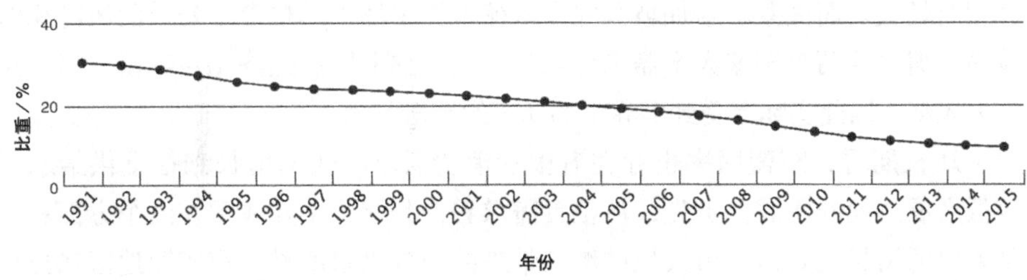

图1–2　东南亚营养不良人口的比重

数据来源：FAOSTAT。

但是应该看到，东盟国家在战后的几十年间，粮食安全状况呈现出明显的反复性和不稳性，如印度尼西亚于1984年实现粮食自给后，国内出现稻米过剩，国家储粮难、稻农卖粮难等问题，政府对粮食生产的重视程度降低，相继取消对稻农的许多优惠政策，严重挫伤了稻农的种粮积极性。菲律宾于1976年实现大米自给后多年未系统地扶植农业发展，加上政局多变，制度不全，农民的种稻积极性未被激发出来，多项粮食增户计划无法实现。进入20世纪90年代以后，东盟国家的大米生产开始频频亮红灯，粮食自给受到挑战。2007—2008年国际粮食价格的暴涨对于东盟国家粮食安全的冲击和2011年东南亚地区洪灾对东盟国家粮食安全的影响都说明东盟国家的粮食安全具有高度的不确定性，东盟国家粮食安全的脆弱性主要表现在：

从短期看，粮食库存率低，存在一定安全隐患。虽然近年来东南亚地区稻谷生产能力有大幅度提高，粮食自给率达到110.99%，但以东南亚地区大米的期末库存占消费量之比来看，东南亚地区的粮食储备率仅有16.20%[①]，不但低于世界平均水平，也略低于FAO建议的储备率17%～18%。美国农业部的一份研究报告认为，东南亚国家的粮食库存增长率将呈现下降态势，2019—2021年的粮食库存增长率将会比2009—2011年下降0.1%。过高的粮食价格指数和略低的粮食储备率都说明，东盟国家在短期内仍有粮食不安全的隐忧。从各国情况看，泰国、越南、柬埔寨和缅甸等大米净出口国的粮食安全完全依赖自给自足，但除泰国外，其他三国的稻谷储备率都低于FAO建议的最低水平。这就意味着，虽然这些国家现在大米生产过剩，但因储备率较低，对市场供给短缺的应变能力也相对较差，一旦世界大米市场出现波动，这些国家的粮食安全即将受到严重冲击。而印度尼西亚、马来西亚、菲律宾等国，虽然大米自给率比较低，但其有较高的粮食储备量，因此，一旦世界市场供需失衡，其所能承受的动荡幅度会相对较大。而文莱、新加坡则完全依赖世界市场，其粮食不安全的风险相对较高，但是这两个国家大米需求量相对较低，加上国家经济相对富裕，居民购买力较高，因此实际上受到世界市场动荡的冲击不大。

从长期看，东盟国家也存在着粮食消费需求的快速增长和粮食供给水平较低发展之间的矛盾。首先，从粮食需求看，其增长主要体现在两个方面：一是人口的增长尤其是城市人口的增长带来的粮食需求增长。东南亚地区2015年人口约6亿人，如果以2015—2020年人口增长率约1.0%来计算，相当于每年新增人口约600万人，2000—2010年东南亚地区人均稻谷年消费量稳定在162千克的水平，即未来5年东南亚地区每年新增稻谷需求97.2亿千克。二是东南亚地区的城市化发展带来的粮食需求升级。东南亚地区的经济起飞始于20世纪60年代，从那时起，随着经济特别是工业化的发展，东南亚各国都经历了一个城市人口快速扩张的时期，从60—90年代，整个东南亚地区城市化水平增长了近10个百分点。如表1–2所示，泰国、马来西亚、菲律宾、印度尼西亚等国都出现了城市人口增长的现象。城市化的迅速发展，改变了人们的饮食结构和消费习惯。一方面人们对肉、蛋、奶等动物性食品的消费需求日趋旺盛，更多的肉、蛋、奶需求意味着消耗更多的粮食，这就意味着粮食生产不但要满足人的需求，也要满足供应家禽的需求；另一方面，人们对精深加工粮食的需求也成

① 陈逸洁、张静贞：《稻米出口与东南亚粮食安全之分析》，2010年台湾东南亚区域研究年度讨论会论文，第7页。

为一种需求趋势，精深加工的各种精米和精面日益成为人们日常主食需求的对象，粮食需求的花色和品种越来越丰富。对精深加工粮食需求的增长，必然会导致大量粮食在加工过程中流失，这也将增加对于谷物粮食需求的总量。

表1-2　东盟及各国城镇人口的占比（2007—2016年）（%）

国别	2007年	2008年	2009年	2010年	2011年	2012年	2013年	2014年	2015年	2016年
文莱	74.4	—	—	75.7	78.5	78.7	77.0	76.9	78.0	78.0
柬埔寨	17.8	17.9	19.5	19.9	21.0	21.5	21.4	22.5	23.0	21.0
印度尼西亚	43.1	—	—	49.8	51.2	51.9	52.0	53.0	53.3	54.0
老挝	29.7	29.7	—	33.2	35.0	35.3	36.0	37.6	38.0	40.0
马来西亚	63.4	63.5	63.7	71.0	71.9	72.7	73.0	74.0	74.0	75.0
缅甸	30.5	30.6	—	30.7	30.8	30.8	30.8	30.0	30.0	35.0
菲律宾	42.4	—	—	45.3	48.5	48.6	45.0	44.0	44.0	44.0
新加坡	100.0	100.0	100.0	100.0	100.0	100.0	100.0	100.0	100.0	100.0
泰国	32.9	33.8	—	—	36.1	33.9	44.5	49.0	49.0	52.0
越南	28.2	29.6	30.5	31.6	31.9	31.6	32.2	33.1	33.1	34.0
东盟	39.2	—	—	44.6	45.0	45.2	45.9	46.8	47.0	48.2

数量来源：ASEAN Statistical Yearbook 2016 / 2017，Jakarta, ASEAN Secretariat, December 2017，p.7。

其次，从粮食供应看，随着城市化的发展东盟各国的粮食生产都受到耕地、气候、水资源、技术等因素的制约。第一，从耕地看，工业化和城市化的发展意味着东盟国家农业可利用耕地面积的快速减少。东盟各国的经济从20世纪60年代开始都经历了一个城市人口快速扩张的时期，到90年代整个东南亚地区城市化水平增长了近10个百分点。如表1-3所示，泰国、马来西亚、菲律宾、印度尼西亚等国出现了城市人口和城市建筑面积同步迅速增长的现象。城市的快速发展，使得农村耕地不断被城市用地挤占，意味着东盟国家农业可利用耕地面积的快速减少，耕地质量的下降以及粮食生产空间的缩小。

表1-3 东盟主要国家城市化发展情况

国家	主要城市	城市人口			城市建筑面积		
		1990年城市人口/万人	2000年城市人口/万人	年均增长率/%	1990年城市建筑面积/平方千米	2000年城市建筑面积/平方千米	平均增长率/%
马来西亚	吉隆坡	273.3	495.9	5.0	383	805	6.2
泰国	宋卡	22.0	24.4	1.0	14	19	3.0
印度尼西亚	万隆	294.2	362.8	2.2	108	182	5.4
菲律宾	马尼拉	1404.4	1733.5	2.4	444	660	4.5

数据来源：Urbanization and Sustainability in Asia Case Studies of Good Practice，Edited by Brian Roberts and Trevor Kanaley，2006 Asian Development Bank。

以稻谷种植面积为例，东南亚地区在20世纪60年代，稻谷种植面积仅有2.8亿公顷，在接下来的半个世纪中，稻谷种植面积增加了64%，到2011年达到4.6亿公顷，其中增长最快的时期是1985—2000年。如表1-4所示，1999—2011年东盟国家的稻谷种植面积年均增长率已经下降到0.78%。美国农业部的报告认为，2009—2021年东盟国家的稻谷种植面积年均增长率将进一步下降到0.28%①。越南的稻谷种植面积在1990年是600万公顷，1999年增加到766万公顷，产量增加到3000万吨（1998年），在不到10年的时间里产量增加了近60%。但在2000—2007年，越南的稻谷种植面积减少了近3万公顷②。

表1-4 东盟国家稻谷种植面积

国家/地区	1999—2001年种植面积/千公顷	2009—2011年种植面积/千公顷	2019—2021年种植面积/千公顷	年均增长率①/%	年均增长率②/%
缅甸	6067	6833	7145	1.2	0.4
柬埔寨	1987	2740	2968	3.3	0.8
老挝	728	859	—	1.7	—
泰国	9995	10869	11251	0.8	0.3
越南	7541	7541	7459	0	-0.1

① Katherine Baldwin，Nathan Childs，John Dyck，Jim Hansen，*Southeast Asia's Rice Surplus*（RCS-12l-01 Economic Research Service/USDA），p.6.

② *The Rice Crisis-Markets，Policies and Food Security*（Edited by Dawe D. Rome and London：FAO and Earthscan，2010），P.392.

（续表）

国家／地区	1999—2001年种植面积／千公顷	2009—2011年种植面积／千公顷	2019—2021年种植面积／千公顷	年均增长率①/%	年均增长率②/%
印度尼西亚	16357	17264	17698	0.5	0.2
马来西亚	11663	12092	12344	0.4	0.2
菲律宾	4035	4499	4705	1.1	0.4
东南亚地区	42676	46105	46521	0.78	0.28

注：年均增长率①是指1999—2011年的增长率。年均增长率②是指2009—2021年的增长率。

数据来源：Katherine Baldwin, Nathan Childs, John Dyck，Jim Hansen, Southeast Asia' s Rice Surplus, RCS-12l-01 Economic Research Service/USDA,p.6。

值得注意的是东盟国家耕地面积的扩大是以森林、湿地的减少为代价的。泰国的耕地面积占国土面积的比例从1952年的12.3%增至1982年的29%，1990年达47.4%，其中水稻种植面积约占全部耕地面积的60%。与此同时，泰国的森林面积则逐年减少，从1975年的21800万公顷减至1992年的14574万公顷，森林面积占国土面积的比例则从1951年的60%减至1971年的40.7%，1986年为30%，1995年更减至22.8%。越南自1975年以来，大力开辟"新经济区"，把180万人送到山区和高原开垦荒地，每年摧毁森林达22.5万公顷。革新开放以来，越南仍在扩大耕地，将红树林、白千层林和湿地改造为水稻田。据估计，1969—1983年，印度尼西亚约有6000平方公里的森林、沼泽地和草地被移民开辟为农业用地[①]。几十年前，泰国的森林覆盖率在50%以上，2013年已经减少到20%[②]。森林减少一是使东南亚地区水土流失严重，河流泥沙沉积量增多，降雨量减少，进而影响农作物的产量和质量，造成经济损失。二是使蓄水能力下降，洪水、干旱、森林大火等自然灾害频繁发生。三是使土地肥力下降，土壤盐碱化或沙漠化。泰国在20世纪90年代初，由于森林的大面积减少，水土流失严重，东北部地区的1800万莱（1莱=1600平方米）土地盐碱化，这占了东北部地区面积的17%；南部地区已有260万莱土地盐碱化或呈现出酸性，50万莱土地受到侵蚀[③]。其他东南亚国家也有类似的情况[④]。对东南亚国家的粮食

① 陈文：《东南亚农业发展与环境问题》，《东南亚纵横》2002年第6期，第1—9页。
② 曾艳华主编：《东盟农业及其与中国农业合作》，广西师范大学出版社，2013，第120页。
③ 陈文：《东南亚农业发展与环境问题》，《东南亚纵横》2002年第6期，第1—9页。
④ 同上。

生产和居民生活造成了不可估量的损失。第二，从水资源看，东南亚地区淡水总量为7000立方米，约占世界总量的15%。该地区90%多的淡水开采用于农业，大大高于全世界70%的平均水平。东南亚地区雨量丰富，但降水过于集中于夏季，季节分配不均，容易出现旱涝灾害，不利于粮食作物的生长。由于雨季集中且降水量较高，东南亚的许多地区需要排灌蓄水，以防止作物水分过多导致生长不良和旱季雨水不足而出现干旱。但东南亚地区水利灌溉建设不足，2005年东南亚地区仅有18%的收获地可以灌溉，这个比率低于亚洲地区的平均水平①。第三，粮食生产率较低。东南亚地区的粮食生产机械化水平不高，水利设施也不够完善，除个别区域外，基本上处于"靠天吃饭"的阶段。在反映农业机械化水平的平均每个农业经济活动人口耕地面积的数据中，东南亚各国平均每个农业经济活动人口耕地面积不超过1公顷，其中越南最低，仅为每人0.2公顷。在拖拉机的使用上，2009年除经济较发达的新加坡平均每千公顷耕地拖拉机使用量达到92.9台外，其他国家的使用量皆不高，尤其是柬埔寨、印度尼西亚，均在1台左右。化肥的使用量也不高，2012年平均每千公顷耕地化肥使用量柬埔寨是16.6吨，印度尼西亚是194.8吨，缅甸是15.7吨，菲律宾是113.5吨，泰国是153.2吨，越南是297.0吨②。目前，东南亚地区稻谷平均产量仅有3.8吨/公顷，低于世界平均水平4.4吨/公顷。由于机械化程度不高，印度尼西亚、越南、泰国、缅甸和菲律宾的稻谷生产都是以面积在0.2～0.4公顷的家庭小农场为单位进行的。

二、东盟国家粮食安全的敏感性

1. *以大米为主食，受到世界大米市场不稳定性影响*

东南亚地区是全球主要的大米生产和消费区域之一。如前所述，世界大米市场狭小，呈现出不稳定性特征，市场价格更为敏感与波动。世界大米市场的不稳定性严重影响着东盟国家的粮食安全状况。泰国、越南、缅甸、柬埔寨是世界前五大大米出口国，菲律宾、印度尼西亚、马来西亚的大米进口量也位于世界前十之列。从表1-5可以看出，东盟国家的大米进出口基本是在区域内进行，菲律宾、印度尼西亚、马来西亚和新加坡这几个国家的大米进口来源几

① 《东南亚大型灌溉系统概况》，东南亚大型稻作灌溉系统的未来研讨会会议论文，http://d.g.wanfangdata.com.cn/Conference_7433882.aspx。

② 《国际统计年鉴》，中国统计出版社，2013，第257页。

乎都是越南与泰国。由此可见，东盟国家大米贸易频繁，市场关系紧密，如果泰国、越南等大米出口大国出现稻米减产或者减少出口的情况时，菲律宾、印度尼西亚、马来西亚、新加坡等大米进口国的粮食安全就会受到冲击。2007—2008年的世界大米价格的暴涨即是如此。为了抑制大米价格暴涨而引发国内通货膨胀、化解居民粮食抢购风潮，泰国、越南、柬埔寨等大米出口国纷纷采取措施限制大米出口，这使得经济发展水平较低、外汇短缺、人口众多的大米进口国如印度尼西亚、菲律宾受到更大的冲击。

表1-5 2006—2009年东盟主要大米进口国的大米进口量及贸易伙伴

进口国	进口来源	2006年		2007年		2008年		2009年	
		进口量／百万吨	进口份额%	进口量／百万吨	进口份额%	进口量／百万吨	进口份额%	进口量／百万吨	进口份额%
菲律宾	世界	172.22	—	180.96	—	243.89	—	176.29	—
	东盟	157.58	91.50	179.06	98.95	224.64	92.11	174.89	99.20
	越南	146.26	84.93	138.08	76.31	166.22	68.15	167.39	94.95
	泰国	11.29	6.56	40.44	22.35	58.42	23.95	5.42	3.07
马来西亚	世界	84.34	—	79.87	—	—	—	108.70	—
	东盟	80.75	95.74	76.34	95.57	—	—	102.68	94.46
	越南	44.96	53.31	27.80	34.80	—	—	86.09	79.20
	泰国	34.91	41.39	48.36	60.54	—	—	14.49	13.33
新加坡	世界	30.17	—	32.69	—	28.86	—	27.83	—
	东盟	24.15	80.04	26.84	82.11	24.62	85.31	21.93	78.80
	越南	17.48	57.93	19.34	59.18	20.64	71.52	17.31	62.18
	泰国	6.10	20.22	6.97	21.32	3.35	11.59	4.04	14.53
印度尼西亚	世界	43.81	—	140.68	—	28.97	—	25.05	—
	东盟	43.24	98.69	138.83	98.68	28.37	97.94	24.30	97.00
	越南	15.80	36.06	36.36	25.85	15.70	54.20	22.14	88.38
	泰国	27.28	62.28	102.28	72.70	12.51	43.17	2.10	8.37

数据来源：FAOSTAT和UNComtrade（联合国商品贸易统计数据库）。

2. 东盟自由贸易区的建立使东盟国家之间有了一个敏感的粮食危机传导机制，加剧了东盟国家粮食安全的敏感性

东南亚地区的经济合作是发展中国家区域经济合作的典范，这种合作是以东盟为主导逐步推进的。1976年1月，东盟召开第一次首脑会议，宣布东盟国家经济合作的方向是实行特惠贸易制度，1977年2月东盟各国签署了《东盟特惠贸易安排协定》，特惠贸易制度的建立是东盟区域经济合作的第一步。1992年1月东盟第四次首脑会议决定自1993年1月1日起在15年之内建成东盟自由贸易区，关税最终降至0～5%。东盟自由贸易区的建立是东盟区域经济合作的第二步。2003年10月，东盟第九次首脑会议决定，要在2020年把东盟建设成为东盟共同体，其中在区域经济一体化方面的总体目标是要在2020年把东盟建设成为没有关税和非关税壁垒的单一市场。

自东盟启动自由贸易区建设以来，东盟国家在自由贸易区模式下展开全面合作，区域内贸易额飞速增长。如表1–6所示，2007年东盟十国之间的货物贸易额为4032亿美元，2016年增加为5160亿美元。2018年9月在新加坡举行的第32届东盟自贸区部长级会议上，东盟国家经济事务主管高管、部长就东盟自贸协定实施情况进行总结，认为2017年东盟国家之间的贸易额累计达2.5万亿美元，同比增长14%，占东盟国家国际贸易总额的23%，至今东盟国家之间98.7%的贸易商品已经实现零关税①。

总之，随着中国与东盟国家的贸易往来密切、相互投资额不断提高、产业关联度不断加深，双边经贸合作规模不断扩大，合作内容不断深化，中国与东盟国家经济关系的依存度逐渐提高。在中国与东盟国家经济参与程度越来越深的情况下，中国粮食市场与东盟国家粮食市场被自由贸易区联系在一起。自由主义学派的学者理查德·库珀指出，“不断增长的国际交流既反映又引发了国际经济发展交往中高度敏感性”，因为“国际经济交往既增加了各国可以因地制宜采取行动的自由，同时又限制了这种自由。它通过更经济地利用有限的资源而增加了各国的自由；它通过把每个国家置于能够直接或非直接地产生影响的限制的矩阵中，从而限制了各国自由”。他甚至认为严格地说，“经济相互依赖”就是指“在两个或多个国家的经济发展中，经济交往的敏感性”②。

① http://www.ccpit.org/Contents/Channel_4114/2018/0909/1059036/content_1059036.htm.

② 刘颖：《相互依赖、软权力与美国霸权》，中国社会科学出版社，2010，第61页。

表1-6　2007—2016年东盟国家区域内货物贸易额的增长情况

单位：百万美元

国家	2007年	2008年	2009年	2010年	2011年	2012年	2013年	2014年	2015年	2016年
文莱	3192.8	3680.5	2442.2	2330.6	3282.3	307.7	4488.0	3860.6	2644.9	2507.3
柬埔寨	1534.4	1909.9	2097.9	189.5	2623.5	3110.0	3345.0	3278.0	5366.9	5483.9
印度尼西亚	4684.2	68162.3	52366.3	80472.2	93399.1	95654.5	94661.0	90571.2	63604.8	68647.6
老挝	808.4	2095.1	2478.1	2639.6	2897.0	2589.2	3963.0	4887.0	4356.9	4603.1
马来西亚	82611.5	85074.2	72061.7	95112.7	108271.9	115818.0	118968.9	118965.0	102847.8	97092.1
缅甸	4840.8	5579.7	5262.3	6175.0	8417.8	8391.9	10211.5	11454.1	11467.6	9257.7
菲律宾	20907.0	21398.4	17399.5	27827.5	23675.6	24758.3	22786.2	25616.1	25578.8	30895.5
新加坡	162183.1	18556.7	141499.0	182597.4	212369.3	213957.9	216127.5	205968.8	172677.5	162108.1
泰国	57886.8	69375.7	59250.1	76960.9	93508.0	99535.5	103668.6	102725.3	96236.8	94258.6
越南	23175.3	29494.6	22121.5	26758.5	34493.4	37947.4	39531.9	40797.7	41981.1	41159.1
合计	403224.5	471826.9	376989.7	502863.8	582937.9	605467.8	617751.6	608113.8	526673.1	516012.9

数据来源：ASEAN Statistical Yearbook 2016/2017 Jakarta, ASEAN Secretariat, December 2017,p.59。

三、中国与东盟国家粮食安全的相互依赖

1. 中国与东盟国家粮食安全的敏感性

中国是全球最大的大米生产国和消费国之一。虽然中国大米消费的98%左右是由国内市场提供的，世界大米市场的波动很难对我国的粮食安全有实质性影响，但是世界大米市场的不稳定性特征使得粮食危机爆发时，中国仍会受到一定程度的冲击。当前中国大米消费主要有食用、饲料、工业和种子四个方面，其中食用消费占了85%以上。近年来，随着人们生活水平的提高和体力劳动强度的下降，国内人均大米食用量呈现缓慢减少趋势，但在人口增长和城镇化的推动下，大米食用总量仍保持了逐年略增的态势。2011年以来，中国大米进出口形势出现逆转，由净出口转为净进口。如表1–7所示，2012年中国大米进口量为290万吨，占世界大米进口总量的7.3%。尽管近年来中国大米进口量增长较大，但年进口量仍不到国内总消费量的2.0%，中国大米消费主要依靠国内自给自足。

如前所述，世界大米市场狭小，呈现出不稳定性特征，市场价格更为敏感与波动。中国大米消费虽然以自给自足为主，但对于13亿人口而言，2%的需求对于狭小的世界大米市场仍是一个巨大需求。2011年，有专家预测，如果中国整体粮食收成减少5%，就可能需要世界粮食出口总量的20%才能满足其一年的需求[①]。2006年以来世界市场大米价格一路走高，虽然没有对中国自给自足的粮食安全体系造成实质性影响，但一路高涨的世界市场大米价格仍给中国带来一定冲击，这主要表现在：其一，世界大米市场的波动传导到国内并引发中国粮食价格的波动。2006年以来，在中国大米连续实现增产的情况下，我国大米价格出现了大幅度波动。2006年1月至2011年3月，国内大米价格累计上涨达到59%。其中，2006年上涨3%，2007年上涨7%，2008年上涨10%，2009年下跌6%，2011年初又上涨30%。其间波动幅度明显超过世界市场[②]。其二，粮食价格的波动引发了消费价格指数的上涨。2010年12月，联合国粮农组织食品价格指数升至创历史新高的214.7，中国消费价格指数继2010年同比上涨3.3%。

2013年10月，习近平主席提出建设中国–东盟命运共同体的倡议，推动

---

① *China Crops in Short Supply as Fewer Farms Spur Food Prices*（Bloomberg News Apr 19, 2011），http:/ /blobsing. com. cn/s/blob—8ef20760100r7fo. Html.

② 苗珊珊：《我国大米产业波动的来源及冲击路径》，《华南农业大学学报》2014年第1期，第64—71页。

表1-7　2001—2015年中国大米进口量占世界大米进口量比重

项目	2001年	2002年	2003年	2004年	2005年	2006年	2007年	2008年	2009年	2010年	2011年	2012年	2013年	2014年	2015年
世界大米进口总量／千吨	24286	27901	27551	27315	28894	29033	31806	29544	29403	31773	36486	39967	39482	43397	42579
中国大米进口量／千吨	270	304	258	1122	609	654	472	295	337	366	575	2900	3500	4450	5150
中国占比／%	1.1	1.1	0.9	4.1	2.1	2.3	1.5	0.9	1.1	1.2	1.6	7.3	7.2	8.9	12.0

数据来源：FAOSTAT。

中国与东盟之间合作关系进入一个更高水平。2014年中国与东盟的双边贸易额达到4801.25亿美元，同比增长8.23%，高于同年中国对外贸易总额增长率（3.45%）4.78个百分点。中国与东盟贸易额占中国对外贸易总额比重已经达到11.16%。2014年中国对东盟进口额为2083.32亿美元，增长4.41%；中国对东盟出口额为2717.92亿美元，增长11.36%，出口增速远高于进口增速。2014年中国与东盟贸易顺差达到635.2亿美元，较2013年增长了42.6%[①]。在农业方面，2012年中国对东盟农产品出口额超过100亿美元，占中国农产品出口总额的16%，占中国对东盟出口额的5%。东盟对中国农产品出口额超过160亿美元，约占中国农产品进口额的15%，占中国对东盟进口额的8.5%。截至2011年，中国对东盟农业投资存量超过7亿美元，占中国对东盟总投资存量的3.3%，占中国对外农业投资总存量的20.7%。东盟已经成为继美国、欧盟后中国第三大农产品贸易伙伴。

2. 中国与东盟国家粮食安全的互补性

中国与东盟国家在粮食产品贸易方面的互补性主要表现在中国幅员辽阔，气候多样化，可以生产从热带到寒温带的粮食产品，而东盟国家地处热带，可以生产热带农作物，粮食方面双方各具优势产品。如前所述，中国于2011年成为世界最大大米进口国，而泰国、越南都是世界市场上重要的大米出口国，老挝、柬埔寨、缅甸的大米出口量也逐渐增加，它们成为中国今后大米进口的重要来源。2012年中国对东盟国家谷物出口额为51303434美元，占出口总额的11.57%，谷物进口额为875754917美元，占进口总额的18.4%[②]，其中出口产品主要是种用稻谷及大麦、高粱等谷物，进口产品主要是稻谷。UNComtrade（联合国商品贸易统计数据库）的数据显示，1990—2011年，除个别年份外，中国从东盟国家进口大米的数量占中国进口大米总量的比重都在95%以上，2012年中国从东盟国家进口大米1771150吨，比2011年增长211%[③]。从进口国家看，主要有泰国、越南、老挝、缅甸等，其中泰国2008年、2009年向中国出口大米量占中国进口大米总量的96%和94%，越南2012年向中国出口大米量占中国进口大米总量的65%[④]。在玉米、小麦方面，中国与东盟国家也存在很强的互补性。东盟国家是亚洲玉米饲料的主要消费

① 陆建人主编:《中国-东盟合作发展报告》, 中国社会科学出版社, 2015, 第7页。

② 中国海关2012年统计数据。

③ UNComtrade的统计数据。

④ UNComtrade的统计数据。

区之一，年进口玉米稳定在450万吨左右。中国是世界第二大玉米生产国，到2007年中国出口玉米491万吨，出口前十大市场中就有马来西亚、越南、印度尼西亚。此外，新加坡和菲律宾对中国的玉米进口也保持着每年数十万吨的数量。尽管中国小麦在世界上没有比较优势，但与东盟国家相比，还是有比较优势的。东盟国家是中国小麦出口的主要市场之一，2007年我国出口小麦233.7万吨，印度尼西亚、马来西亚、菲律宾是位于前三位的中国小麦进口国。

中国与东盟国家在粮食生产方面也具有互补优势。东盟国家农业资源比较丰富，其面积约是中国的一半，而人口还不到中国的一半，其气候和土壤等自然条件也十分适宜发展农业生产。一些国家土地资源丰富，比如，柬埔寨、老挝、缅甸等，且土地开发程度不高，这对于中国实现农业"走出去"战略，充分利用国外资源十分有利。中国农业人口相对较多，存在着大量的富余农村劳动力资源，尤其是具有一定粮食生产专长的专门人才，而东盟国家的人力资源相对不足，尤其是缺乏农业技术人员。例如在新加坡，2006年农业就业人口仅占就业人口的0.3%，农业从业人员仅有0.5万人。2010年马来西亚从事农业的劳动力也比较少，占总就业人口的比例为15.1%，约为125.9万人，且大量的农村人口进入城市，也造成了农业劳动力短缺，需要从周边国家引进劳动力。因此，中国可以利用农村剩余劳动力丰富的优势，以向外输出农业劳工的形式促进农村劳动力出口。此外，中国农业高科技人才相对东盟国家较多，这些技术人才的输出对东盟国家提高农业技术水平也是非常有益的。在粮食生产技术方面，中国的生产技术较为先进，尤其是对越南、老挝、柬埔寨、缅甸等国家而言。这些国家粮食生产技术水平低，机械化程度也不高。中国的一些粮食生产和加工技术，如水稻良种培育，水稻病虫害防治及化肥、农药、农机具加工等具有较强优势，可以对这些国家输出。

相互依赖理论来自传统的自由主义国际政治思想，随着当代国际经济、政治和文化联系的急剧增长，它被许多学者当作解释和预测世界基本动向的理论工具。罗伯特·基欧汉和约瑟夫·奈认为，"依赖是指受到外部力量支配或者极大影响的一种状态"，世界政治中的相互依赖是指"国家之间或不同国家的行为体之间相互影响的情形"。相互依赖产生于相互交往，当货币、商品、人员和信息跨越国界流动并使各有关国家为这种相互交往付出代价时，相互依赖便出现了[①]。在约瑟夫·奈与罗伯特·基欧汉看来，相互依赖影响着世界政治与国家行为，同时国家和政府的行为也影响着相互依赖的进展。政府通过制定或者采用某些程序、规则或者组织制度来调节和控制国家间的关系，这样的国际制度安排就被称为“国际机制”。理查德·库伯则更明确地指出，国际政策协调是在相互依赖世界中唯一能实现各国经济目标的途径，他建议采取多层次、多渠道的合作，建立国家间的相互信任来适应国际关系发展带来的新变化。粮食安全是一个全球性的、跨国性的非传统安全问题，它不仅是某个国家存在的个别问题，而且是关系到其他国家或整个人类利益的问题；它不仅可能对某个国家构成安全威胁，而且可能对别国的国家安全造成不同程度的危害。因此，随着经济全球化的日益加深，以及各国间相互依赖日趋明显，要想解决好粮食安全问题，就必须进一步加强国际合作。

粮食是维系人类生存的基本物品，对于大多数经济尚不太发达的东盟国家而言，保障国家粮食安全仍是一个十分紧迫而棘手的问题。如前所述，在中国与东盟国家的粮食安全问题上，中国与东盟国家都是大米主要生产地与消费地，被世界大米市场联系在一起。而世界大米市场容量非常小并且极易波动，一旦中国或者东盟国家出现严重的粮食消费和供应问题就会引发国内问题的外溢，对世界市场乃至各国粮食安全产生冲击。随着中国-东盟自由贸易区的建立，中国与东盟国家经济关系的依存度逐渐提高，这使得中国与东盟国家之间有了一个敏感的粮食危机传导机制，更加剧了中国与东盟国家粮食安全问题的外溢性效益。中国自身的粮食生产能力虽然并不是很强，但作为一个崛起中的区域大国，如果能够积极利用自身的农业优势，加大对粮食安全合作的投入，为区域内提供更多的粮食安全公共产品，就可以使中国与东盟国家的经济安全纽带更加牢固，从而共筑更加紧密的共同利益网络。

① Robert O. Keohane and Joseph S. Nye, Jr., *Power and Interdependencce* (Bston: Little Brown and Company, NewYork: Longman, 2000), p.7—8.

第二章

从粮食依附到粮食自足

东南亚地区古称“南洋”，因位于我国的南面且远隔重洋而得名。东南亚地区总面积约449万平方公里，人口约6.5亿人，属热带季风或热带雨林气候，湿润多雨，气温变化小，大部分国家的农作物一年两熟到三熟。农业是东南亚地区的传统产业，除了新加坡和文莱之外，其他国家有60%以上的人口从事农业。东南亚地区是稻谷的重要产区，种植地区主要有越南的湄公河和红河三角洲、泰国的湄南河三角洲、缅甸的伊洛瓦底江三角洲、柬埔寨的洞里萨湖平原和湄公河冲积平原、印度尼西亚的沿海平原和梭罗河三角洲及爪哇岛、菲律宾的吕宋岛中央平原和马尼拉平原等。在“二战”以来的相当长时期里，东盟国家为实现粮食自给做出了不懈的努力，到20世纪80年代中期，东盟国家粮食安全状况出现反复。目前，东盟国家粮食生产和供应基本稳定，粮食自给率提高，饥饿及贫困人口大幅度下降，但从长期看其粮食安全状况仍存在隐患。

第一节　殖民时期的粮食依附

一、英、荷、法、美等西方国家殖民统治时期

自16世纪开始，东南亚各国陆续遭受西方殖民者的入侵，英、荷殖民者通过直接占领或间接委任总督加以管理，在东南亚地区建立起大规模的种植园，将东南亚地区变成他们的原料产地。这样，原来存在于东南亚各国的自给自足农业经济结构遭到破坏，东南亚地区被迫纳入西方资本主义市场体系中。为满足欧洲及世界市场的需求，东南亚地区建立了单一种植园经济。

英国统治马来亚时期，电气工业和轮胎制造业的发展使得世界市场上橡胶的需求迅速增加，英国在马来半岛大量发展橡胶种植园，在1905—1908年和1909—1912年，橡胶种植经历了两次繁荣，橡胶种植面积翻了数倍，到1916年橡胶已经超过了锡成为马来亚第一大出口产品，1920年马来亚的橡胶出口达到1.96万吨，大约占世界总产量的53%。1938年，马来亚的橡胶种植面积达到133.695万公顷，产量达到世界总产量的41%[①]。

荷兰殖民政府统治印度尼西亚超300年，为了满足欧洲市场的需求，荷兰殖民政府在印度尼西亚建立起广泛的种植园经济，种植甘蔗、烟草、咖啡豆、胡椒、茶叶和油料作物。1900—1914年，印度尼西亚的蔗糖产量增长了1倍，油料作物产量增长了3倍多。1920年，印度尼西亚蔗糖出口已经占据世界出口总量的48%[②]。

美国占领菲律宾期间，以直接投资和借贷的方式进行掠夺，它主要直接投资于原料生产、贸易和加工部门。1918年投资额达1亿美元，到“二战”爆发前，美国在菲律宾主要经济部门的投资已经达到3.11亿美元。美国资本主要投资于甘蔗、椰子、蕉麻和烟草等出口作物的生产和加工及煤炭、铁矿的开采，这使菲律宾形成了片面依赖少数几种出口作物的殖民地农业经济结构。“二战”爆发前，菲律宾的椰子和蔗糖出口一直占总出口额的60%以上，而且出口市场十分单一，主要是针对美国市场[③]。

法国占领越南期间，由于投资农业可以为法国资本家带来非常可观的利润，因此法国资本对农业的投资逐渐增加，1927年达到4000万法郎，是“一战”前的2倍。这一时期法国资本家在越南种植的主要是经济作物，如橡胶、咖啡豆、茶叶、椰子、甘蔗和木棉等。1918年越南橡胶的种植面积是1.5万公顷，到1931年增加到100万公顷。到1930年，法国资本家在越南种植咖啡豆10050公顷、茶叶4000公顷、椰子1500公顷、甘蔗2000公顷、木棉1800公顷[④]。

1852年英国占领缅甸之后，殖民当局通过一系列政策法规，鼓励农民开垦土地，扩大水稻种植面积，这使缅甸成为单一种植水稻的国家。1940—1941年，缅甸的水稻种植面积已经增加到506.8万公顷，约占耕地面积的2/3。随着稻

① 魏达志：《东盟十国经济发展史》，海天出版社，2010，第57—58页。
② 萨努西·巴尼：《印度尼西亚史》，商务印书馆，1972，第623页。
③ 魏达志：《东盟十国经济发展史》，海天出版社，2010，第120页。
④ 魏达志：《东盟十国经济发展史》，海天出版社，2010，第407页。

谷产量的增加，缅甸大米出口量急剧上升。1865年大米出口量仅为40万吨，1915—1916年上升为313.4万吨。缅甸成为当时世界上最大的大米输出国，1936—1938年缅甸大米出口量占世界出口总量的37%左右。但是缅甸的大米出口绝大部分是输往英国及其殖民地，缅甸完全成为不列颠帝国的粮食供应地。

殖民者在东南亚地区大力种植经济作物，使得该地区表现出强烈的殖民地经济特征：产品结构单一，经济发展严重依附于宗主国，外贸依存度高。在19世纪东南亚地区全面推行殖民化之前，东南亚地区的大米除了自给自足外，在收成好的年份已经有了少量的出口，只是出口量很少，主要还是在国家内流通[①]。19世纪之后东南亚地区被全面纳入西方资本主义市场体系中，东南亚各国原有的自给自足经济体系被破坏，粮食作物被经济作物取代，粮食供给（对于缅甸而言是粮食出口）需要依附于宗主国或世界市场。例如，为了在菲律宾片面地发展经济作物，美国把菲律宾大量的粮食耕地改种经济作物，使菲律宾失去了基本的粮食自给能力，甚至连蔬菜都需从美国进口。

二、日本占领时期

1941年12月太平洋战争爆发后，日本逐渐占领了东南亚地区，日本侵略者为了满足其战争的需要，实行“现地自给”和“以战养战”的军需生产和补给政策，在疯狂掠夺东南亚地区的自然资源的同时，不顾当地气候、土壤条件和种植习惯，在印度尼西亚强迫农民缩减甘蔗、烟草的种植面积而扩种棉花和蓖麻，在马来亚强迫农民毁胶种粮，在泰国强迫农民消减稻谷的种植面积而改种棉花、蓖麻、黄麻等农作物以满足其战备军需。日本还大量掠夺东南亚地区的大米以满足战备需要。在越南，日本掠夺的大米1940年为6.8万吨，1941年为58.5万吨，1942年为97.4万吨，1943年为102.3万吨。泰国的大米贸易也被日本的三菱公司控制。日本的疯狂掠夺政策给东南亚地区造成深重灾难。在马来亚，日本占领的4年间大米的价格暴涨了1000多倍[②]。在印度尼西亚，粮食严重不足，连年发生饥荒，人民只能“毒螺果腹，麻袋蔽体”。在泰国，1942年发生特大水灾，水稻歉收，这个以大米出口为经济命脉的国家也出现了饥荒。1944—1945年冬春，越南北部发生大饥荒，饿死人口达200万人，相当于当时

① 米尔顿·奥斯本:《东南亚史》，商务印书馆，2012，第87页。
② 魏达志:《东盟十国经济发展史》，海天出版社，2010，第61页。

越南总人口的1/10[①]。

总之，长期的殖民占领使得东南亚各国农业生产部门结构变得严重畸形，而且本国的民族工业发展又受到压制，这些国家只能依赖于某一种畸形发展的农作物出口来换回必需的工业品和粮食，因此东南亚各国的粮食供给也处于依附于宗主国或者世界市场的状态。这种畸形发展的农业格局使东南亚各国至今仍然深受其害，以致独立后的东南亚很多国家一时难以改变经济作物的单一种植制，而不得不依赖于原宗主国或发达国家，很长时间经济仍然得不到独立。

第二节　独立初期至20世纪60年代中期粮食失衡

一、“二战”后初期的粮食恢复

“二战”后东南亚各国的农业发展道路颇为曲折，20世纪40年代末到50年代初，经过初期的土地改革，一部分农民得到了土地，一段时期内激发了农民的生产积极性，农业生产有所恢复，粮食产量也大幅提高。例如“二战”后初期，泰国在国内农业投入不足的情况下，采取了简单地增加农业种植面积的办法提高产出。据泰国经济农业厅的统计，泰国稻谷的耕地面积由1946年的5972.9万亩（1亩≈666.67平方米）增加到1951年8938.8万亩，增加了52.67%，同期的产量由444.2万吨增加到732.5万吨，提高了65%，大大超过了战前的水平[②]。印度尼西亚在独立后用10年时间的努力使大米生产恢复到战前水平。1940年印度尼西亚包括爪哇岛、马都拉岛和外岛在内的大米产量共698万吨。到1954年，大米产量达到756万吨，杂粮产量在1953年比战前增长了20%。马来西亚独立后，政府大力鼓励大米生产，组织建立了政府资助的合作机构，修建灌溉工程，并强调要使用良种和肥料，1955年，马来西亚的大米产量为41万吨，粮食自给率为46%[③]。

① 覃主元等：《战后东南亚经济史（1945—2000年）》，民族出版社，2007，第340页。
② 魏达志：《东盟十国经济发展史》，海天出版社，2010，第182页。
③ 覃主元等：《战后东南亚经济史（1945—2000年）》，民族出版社，2007，第302页。

二、20世纪50年代中期至60年代中期粮食生产的衰退

在经历了一段时期的恢复后，20世纪50年代中期至60年代中期的十几年间，东南亚各国粮食生产进入了明显的衰退阶段。主要原因在于，东南亚各国在独立后急于摆脱殖民压迫发展民族工业，纷纷实行进口替代战略。这种战略过分强调工业化的发展，将农业作为置于工业发展之下的辅助产业，认为农业仅仅是为工业提供原料和市场，因而忽视了农业和粮食生产。如印度尼西亚1956—1960年实施第一个五年计划，该计划投资总额为300亿印尼盾，决定建设92个示范工业项目和61个发电站，同时修复与扩建港口、公路与铁路设施。1961年印度尼西亚又开始实施"八年全面建设计划"（1961—1965年），建设重点仍是工业，建立3500家新企业，投资总额为4000亿印尼盾。1954年，印度尼西亚的大米产量增长8%左右，但在1961—1965年"八年全面建设计划"实施期间，大米产量年平均增长率仅为2%（见表2-1）。

表2-1 1961—1965年东南亚各国大米产量

年份	印度尼西亚		马来西亚		菲律宾		泰国	
	产量／万吨	增长率／%	产量／万吨	增长率／%	产量／万吨	增长率／%	产量／万吨	增长率／%
1961	1208	—	109	—	391	—	1015	—
1962	1300	7.6	113	3.3	396	1.2	1125	10
1963	1159	-10.8	119	5.7	384	-3.1	1217	7.9
1964	1230	6.1	111	-6.8	399	3.9	1160	-4.9
1965	1297	5.4	126	13	407	2	1116	-3.4
年平均增长率	—	2	—	3.8	—	1	—	2.4

数据来源：FAOSTAT。

菲律宾实行进口替代战略20多年，使工业发展上了一个新台阶，其工业化程度和经济发展速度在整个东南亚地区皆首屈一指。1961年菲律宾的加工制造企业达到37400家，而泰国到1970年只有30000家，印度尼西亚到1972年也才有29000家。1960年菲律宾加工制造业在国内生产总值中所占比重已经达到20%，而泰国、马来西亚和印度尼西亚则分别为13%、9%和8%。整个20世纪50年代，菲律宾的加工制造业保持了年均9.85%的增长速度。与加工制造业的

迅速发展相比，菲律宾的农业尤其是粮食作物的生产严重滞后，远远跟不上人口增长，造成粮食供应不足。如表2-1所示，1961—1965年，菲律宾大米产量年平均增长率仅为1%。

马来西亚在1957—1970年实施进口替代战略，其主要目的在于摆脱锡、橡胶等初级产品贸易衰退的困境，解决严重的失业问题，减少对英国工业品的依赖。政府提出要优先发展劳动密集型的替代进口工业，改变产业结构。1956—1960年马来亚（西马）工业增长率为5.6%，1961—1965年为8.5%。在农业方面，从20世纪60年代开始，马来西亚大力推行多元化政策，积极推动油棕、可可、胡椒等经济作物生产，1956—1960年农业的年平均增长率为4.2%，1961—1965年为4.7%[①]。但是马来西亚的粮食生产增长率远远比不上工业增长率，也落后于农业增长率。1961—1965年，马来西亚大米产量年平均增长率为3.8%（见表2-1），平均每公顷产量年增长率则仅为0.57%。泰国在20世纪60年代推行了替代进口战略，60年代泰国工业年平均增长率高达10.5%，与其他推行进口替代战略的东南亚国家不同，泰国在发展制造业的同时也重视农业，较好地实现了以农养工。1961—1970年泰国农业产量保持了5.4%的年平均增长率[②]，1961—1965大米产量年平均增长率为2.4%（见表2-1）。

从国际方面来看，美国等少数发达国家由于农产品过剩，采取援助赠予、低息贷款等形式向东南亚国家大量倾销农产品，这更强化了东南亚国家的侥幸心理，它们认为农业不重要，只有工业才是振兴国家的唯一出路。这种极端思想的后果就是，当世界市场受到冲击之后，外部援助不再存在，而国内农业又被长期忽视，东南亚国家便不可避免地遭遇了前所未有的粮食危机，甚至连素以出口大米闻名的泰国也发生了饥荒。

第三节　20世纪60年代中期至80年代末粮食自足奇迹

从20世纪60年代后期开始，许多东南亚国家重新审视检讨了自己的农业政策并提出了粮食自给的目标，经过10多年的努力，东南亚各国在粮食生产方

① 覃主元等:《战后东南亚经济史（1945—2000年）》，民族出版社，2007，第304页。
② 覃主元等:《战后东南亚经济史（1945—2000年）》，民族出版社，2007，第162页。

面取得巨大成就。印度尼西亚在1984年大米产量达到3813万吨，实现了粮食自给，摘掉了世界最大大米进口国的帽子，被国际农业经济学家形容为创造了一项大米奇迹。印度尼西亚总统苏哈托为此获得了联合国粮农组织授予的金质奖章。菲律宾于1976年实现了粮食自给，马来西亚大米自给率于1979年达到历史最高点的85%，20世纪80年代中期仍达75.6%。泰国长期维持大米出口国的地位，80年代初超过美国成为世界最大的大米出口国。越南的粮食生产在80年代中期以后得到较快恢复，1988年粮食总产量达1900万吨，结束了多年进口粮食的历史。缅甸农业从70年代开始发展速度加快，1974—1986年年均出口大米50万吨，80年代中期大米产量达1446万吨，比“二战”前翻了一番，到1996年进一步增加到1950万吨，出口大米100万吨，缅甸再次成为亚洲的稻米之乡。柬埔寨的农业生产于60年代达到顶峰，1963—1968年共出口大米222万吨，平均每年出口37万吨。老挝1980年人均粮食占有量达360千克，比1975年增加55%，基本达到粮食自给或略有积余。

这一时期东南亚国家粮食奇迹之所以出现，主要得益于以下三个因素：政府的重视与扶持、农业生产制度变革和绿色革命。

一、东盟国家对农业的重视与扶持

20世纪50年代中期至60年代中期的农业衰退给东盟各国敲响了警钟，从20世纪60年代后期开始，许多国家重新审视检讨了自己的农业政策并提出了粮食自给的目标，加大了对农业的投资与扶持力度。

在泰国，1966—1971年农业投资的比重一直占总投资比重的14%，泰国政府还建立国有农业金融机构扶持国内农业的发展[①]。在印度尼西亚，1967年苏哈托总统上台后提出把粮食生产作为政治与经济稳定的首要目标，政府制订的“一五计划”（1969—1973年）将重点放在农业和支援农业的工业上，并建立农村建设基金，通过地方银行资助每个农村。“一五计划”中每个自然村每年获得资助10万印尼盾。“二五计划”（1974—1978年）期间每个自然村每年获得20万印尼盾，1981年增加至100万印尼盾，1985年又增加至125万印尼盾。在1982—1983年财政预算中，农业和水利建设的投资额约为18.94亿美元，占当

① 魏达志：《东盟十国经济发展史》，海天出版社，2010，第185页。

年预算的14.6%[1]。在大力支援农村建设中，印度尼西亚政府还派遣大批农业指导者下农村，1984年下农村的农业指导者达到1.9万人，受益农村单位达到21.1万个。农村单位银行有3600个，农村合作社有6400个，解决了农村的经济需求[2]。

二、农村生产制度的变革

东盟各国独立后，菲律宾、印度尼西亚、马来西亚、泰国等国的土地基本上仍属于私有，大量农民处于无地或少地的状态，这极大地影响了粮食生产。进入20世纪60年代中期后，为了推动农业发展，解决自己的吃饭问题，东南亚各国纷纷采取措施，对原有土地制度进行限制或改革。马来西亚早在1956年就专门成立联邦土地发展局（FELDA），1960年又颁布《马来西亚1960年土地征用法》，鼓励农村采取合作社形式的集体所有制，到1985年底，马来西亚新开垦的土地达到145.8万公顷，其中65.2万公顷是由FELDA组织进行开垦的[3]。在泰国，农业生产以小农经营为主，租佃现象比较普遍。1974年政府颁布了《农地租佃管理法》，对地租进行限制。1981年又推出新的田租条例，规定以产量的1/3作为成本，其余1/3归佃农，1/3归地主。1965年马科斯就任菲律宾总统时，菲律宾正面临严重的土地问题，拥有50公顷以上土地的地主约有1.1万人，他们占领了约300万公顷耕地，这个数字约为耕地面积的一半，而农村人口中80%是无地农民或种植园工人。农民租佃土地后，须向地主缴纳收成的50%作为地租，此外还要缴纳收成的25%作为使用地主的耕具和牲畜的费用，如果地主提供种子的话，还需要额外缴纳费用，这样，佃农的所得便不足收成的25%。1972年马科斯发布了法令《关于解放佃农》，宣布在全国范围内取消地租的分成制，用以固定租金（比实行分成制时少一半）为基础的地租取代。法令还强制规定，把定额租金的农民转变为自耕农，每一户自耕农可以有偿地分得5公顷旱地或者3公顷水田。这个法令的实质是把地主的土地购买过来，然后低价转卖给农民，以解决40多万农民的土地问题，使他们成为小农场主。

柬埔寨、老挝、缅甸和越南这些独立后实行计划经济的国家，进入20世纪七八十年代之后开始尝试着从原来的中央计划经济体制转化为市场主导型的

① 覃主元等：《战后东南亚经济史（1945—2000年）》，民族出版社，2007，第214—215页。
② 魏达志：《东盟十国经济发展史》，海天出版社，2010，第246页。
③ 魏达志：《东盟十国经济发展史》，海天出版社，2010，第68页。

经济，也由此牵涉到了农业政策的调整。老挝人民革命党此间不遗余力地对农业合作化运动有关政策进行调整。老挝在20世纪80年代早期的粮食增长主要是扩张耕地面积的结果，自1986年后，政府采取一连串改革措施，包括由市场供需决定价格，取消肥料补贴，不干涉农产品的生产、分配及交易。经过不断调整与整顿，农业生产开始出现飞跃式发展，虽然全国耕地面积从1980年的72万多公顷减少到65万多公顷，但是粮食的单位面积产量却提高了，因此总产量反而大大上升了。大米是老挝农作物的大宗，老挝的大米产量从1980年的66万吨上升为1985年的140万吨，翻了1倍多，可见积极的农业政策对老挝的粮食生产确实产生了积极作用。从80年代中期开始，越南进行了经济革新，农业革新成效显著。1988—1997年，越南粮食产量年平均增长率为5.5%（同期亚洲各国增长率为1.8%），每年大约出口大米200万吨，成为世界排名前三的大米出口国。

土地改革和经济体制的转型，都使粮食生产方式发生变革，东盟各国的土地改革实现了从传统农业向现代农业的跨越。柬埔寨、老挝、缅甸和越南这些国家对农村经济的改革解放了农村生产力，大大提高了粮食生产率。

三、绿色革命

所谓“绿色革命”是指利用现代化的耕作方法种植小麦、大米、玉米等主食作物，通过改良品种而出现飞速增产的现象，它率先在拉丁美洲等的一些发展中国家的农村地区兴起。1962年在美国财团的支持下，菲律宾创设了国际水稻研究所，1966年该研究所成功地完成了新品种IR-8的杂交。其后该研究所的IR系列新品种及其与当地原有品种杂交成的新品种便在东盟各国普及。印度尼西亚、菲律宾、马来西亚等以往的大米进口国大部分都实现了大米自给。如印度尼西亚在全国推广本国研发的高产水稻新品种“皮泰”和“西格迪斯”，结果，水稻单产从1970年的每公顷1613千克提高到1988年的每公顷4177千克。菲律宾也收到了明显成效，1965年马科斯当选总统，他意识到不生产粮食，就会带来极为严重的后果，改变这种不合理的农业结构已是当务之急。于是几乎在进行土地改革的同时，马科斯又发动了一场“绿色革命”，开展全国性的种植“奇迹稻”（优良稻种）的运动。他还规定政府工作人员每年必须下乡劳动15天，通过以上种种努力，菲律宾的农业大有起色，从1976年起，粮食已能自给，从1977年起，粮食还能少量出口。

第四节　20世纪90年代至21世纪初粮食安全状况

一、20世纪90年代至21世纪初东盟国家粮食安全状况

1. 20世纪90年代东盟国家粮食安全状况

进入20世纪90年代以后，东盟国家的大米生产频频亮红灯，粮食自给受到挑战，粮食安全状况出现反复。1980—1989年，东南亚地区大米生产年平均生产率是4.28%，但是到1990—1999年大米生产年平均生产率下降到2.63%。其中1997年和1998年大米生产率均出现负增长，分别比上年下降了0.1%和0.7%。在印度尼西亚，粮食单产多年徘徊不前，粮食生产跟不上消费的增长，大米储备1994年降到最低点，印度尼西亚粮食自给仅维持10年，不得不从1994年开始从国外大量进口大米，1998年印度尼西亚进口460万吨，比1997年增加78%，创历史最高纪录。菲律宾自20世纪90年代初开始农业增长减缓，1995年还出现了延续几个月的大米危机，为此菲律宾政府于1995年和1996年分别进口大米26万吨和80万吨。1997年菲律宾粮食大幅减产，全国缺粮140万吨。1998年在厄尔尼诺现象的影响下，菲律宾农业生产再次遭受重大打击，有80多万个家庭约360万人受到影响，在饥饿线上挣扎。马来西亚从1986年开始大米生产一直徘徊在100万～110万吨，大米自给率降至65%以下，成为大米纯进口国。柬埔寨虽然80年代末粮食生产一度达到自给自足的程度，但90年代初旱涝灾害再次造成柬埔寨的粮食短缺，从1993年开始，柬埔寨每年的粮食缺口均在20万～30万吨。

2. 进入21世纪东盟国家粮食安全状况

进入21世纪以来，随着世界粮食供需矛盾日益突出，东盟国家的粮食安全状态受到极大冲击，2006—2008年世界市场粮食价格给东盟国家带来粮食安全隐患，2010—2012年全球极端天气又使东盟国家粮食价格飞涨。概括起来看，进入21世纪后，东盟国家粮食安全受到的冲击主要表现在：第一，粮食价格持续飞涨，造成粮食供应紧张，并带动国内物价上涨。从2003年开始，东盟国家大米价格持续走高，2011年印度尼西亚大米价格高达877美元/吨，比2003年增长了526%。2011年越南大米价格是315美元/吨，比2003年上涨了152%。2007年10月，世界市场上大米的价格为325美元/吨，到2008年5月9日

已暴涨至1000美元/吨，短短几个月时间价格暴涨了3倍多[①]。由于粮价在低收入的东盟国家居民消费价格指数中所占比例较高，当粮食价格大幅上涨后，不仅严重影响低收入人群的购买力，而且导致饲料、食品等下游关联行业成本的大幅增加，进一步推动全社会的通货膨胀。2008年6月，越南、泰国、菲律宾、印度尼西亚的通货膨胀率分别达到20.3%、8.9%、11.2%、11.3%，均创10多年来的新高[②]。第二，引发民众担忧，使各国社会动荡。2008年5月1日，菲律宾、印度尼西亚、新加坡和泰国民众纷纷走上街头，抗议粮价上涨。一些国家开始出现粮食抢购风潮，在菲律宾，政府甚至出动警察押送运米车。第三，为了抑制国内通货膨胀、化解居民粮食抢购风潮，泰国、越南、柬埔寨等大米出口国纷纷限制大米出口，或提高出口税收以防止出口更多粮食。作为粮食进口国的印度尼西亚、马来西亚等国家也严格限制谷物的出口，以缓解国内粮食供给不足。2008年4月，泰国提议建立类似石油输出国组织的大米输出国组织，用于控制世界大米贸易并大幅提高大米价格。但是，由于大米进口国担心这一组织的成立会大幅度降低大米贸易的自由化程度，危及本国粮食安全，因此纷纷反对这一提议，这使得这一建议未能付诸实施。

二、20世纪90年代以后，东盟国家粮食安全状况出现反复的主要原因

第一，实现粮食自给后放松了对农业的重视。由政府主导的积极的农业政策是东盟国家在20世纪70—80年代实现粮食自给的关键性因素，但在实现粮食自给后，东盟国家放松了对农业和粮食安全的重视。印度尼西亚于1984年实现粮食自给后，国内出现大米过剩、国家储粮难、稻农卖粮难等问题，政府对粮食生产的重视程度开始降低，相继取消对稻农的许多优惠政策，这严重挫伤了稻农的种粮积极性。菲律宾于1976年实现大米自给后多年未系统地扶植农业发展，加上政局多变，制度不全，农民的种稻积极性未被激发出来，多项粮食增户计划无法实现。文莱的粮食产量在1974年达到最高纪录的9766吨，1977年文莱粮食产量为4259吨，到2008年已下降了76.9%，只有983吨，自给率仅

---

① David Dawe, *The Rice Crisis:Markets, Policies and Food Security* (London : Earthscan, 2010), p.113.

② 洪凯：《世界粮食危机影响下的东南亚国家粮食安全问题及中国的对策》，《东南亚研究》2008年第6期，第31—35页。

3.2%左右，需进口大米2.9万吨，占需求量的96.8%[①]。

第二，盲目实施工业化战略，忽视农业基础地位，以牺牲粮食生产为代价发展城市化。东盟各国纷纷实施超越战略，将大量土地用于建设工业园区和城镇，致使各国粮食耕地大幅度减少。如印度尼西亚爪哇地区的稻田面积于1983—1993年减少90万公顷，菲律宾的稻谷种植面积由20世纪70年代中期的380万公顷下降到90年代初的320万公顷，马来西亚盲目上马工业项目使大批耕地闲置，泰国和越南也存在为发展工业而牺牲耕地的现象。此外，为了给工业化让路，各国也减少了对农业的投资，并将大量投资用于经济效益更好的制造业，有限的农业投资也主要投向效益高、创汇能力强的经济作物。耕地和粮食生产投资的减少带来的必然结果就是粮食生产的大幅度下降。

第三，片面依赖世界市场，容易受到世界市场动荡影响。自殖民地时期开始，东南亚各国被西方殖民者纳入全球市场体系之中，建立了单一的种植园经济，主要依赖某一种经济作物的出口，粮食供给也依赖于世界市场。独立后，这种畸形发展的农业格局使东盟国家至今仍然深受其害，一些东盟国家如马来西亚、印度尼西亚、菲律宾等国将农业生产的重点放在经济作物的生产与出口上，希望以比较优势的原则依赖世界市场解决自身的粮食安全问题。泰国、越南、缅甸等国是大米出口大国，与世界市场也建立了密切联系。东盟国家与世界市场的这种密切联系造成了其对世界市场具有较高敏感性，一旦世界市场出现动荡，如1997年亚洲金融危机和2008年粮食危机，都对东盟国家的粮食安全造成了巨大冲击。

第五节　粮食危机之后的反思

一、东盟国家粮食安全状况的改善

在经历了20世纪90年代和21世纪初粮食危机的考验之后，东盟国家将粮食安全重新提上议事日程，纷纷采取各种措施加强粮食生产和保障粮食安全，

① 吴崇伯：《东南亚国家的粮食生产与粮食政策》，《东南亚南亚研究》2012年第3期，第32—36页。

经过几年努力粮食安全状况有很大改善。与21世纪初相比，东南亚地区饥饿人口减少了一半以上，以联合国粮农组织衡量饥饿的尺度——营养不良率来看[①]，2000年是22.90%，2015年已经下降到9.6%以下，比世界平均水平还要低1.2%，成为实现联合国千禧年发展目标的模范地区。从平均膳食能量供给看，自2011年以来也持续走高，2015年达到120%（见图2-1）。

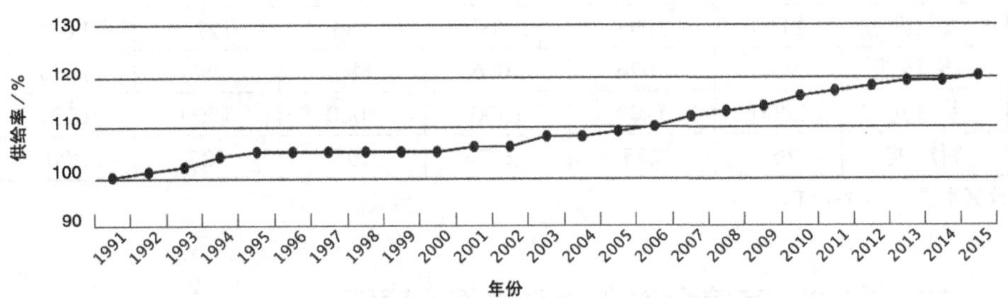

图2-1 1991—2015年东南亚地区平均膳食能量供给率

数据来源：FAOSTAT。

如表2-2所示，一些粮食进口大国大米进口量逐渐减少，2011年印度尼西亚大米进口量为309.8万吨，2015年下降为119.8万吨，减少了61.3%。菲律宾2010年进口大米240万吨，2015年下降到185万吨，减少了22.9%。从粮食出口国看，一些国家大米出口量逐年增加。缅甸2015年大米出口量为173.5万吨，比2010年增加了103.5万吨，增长率为147.9%。柬埔寨2015年出口大米110万吨，比2010年增加了35万吨，增长了46.7%。此外，文莱稻谷产量在2011年创新纪录，为2143吨，增长率高达30%，粮食自给率在2010年提升到20%，2015年达到60%[②]。

表2-2 2010—2015年东盟国家大米出口和进口量

单位：千吨

年份	2010	2011	2012	2013	2014	2015
出口						
缅甸	700	1075	1357	1163	1688	1735
柬埔寨	750	860	900	1075	1000	1100

① 联合国粮农组织的评价标准是：当一个国家或地区营养不良（人均每日摄入热量少于2100卡路里）人口的比重达到或高于15%，该国就是粮食不安全国或地区。

② 吴崇伯：《东南亚国家的粮食生产与粮食政策》，《东南亚南亚研究》2012年第3期。

（续表）

年份	2010	2011	2012	2013	2014	2015
出口						
泰国	9047	10647	6945	6722	10969	9779
越南	6734	7000	7717	6700	6325	6606
进口						
印度尼西亚	1150	3098	1960	650	1225	1198
马来西亚	907	1076	1006	885	989	1000
菲律宾	2400	1200	1500	1000	1800	1850
新加坡	264	275	247	293	325	300

数据来源：FAOSTAT。

二、东盟国家粮食安全状况改善的原因

2008年粮食危机之后，东盟各国纷纷实施粮食新政，采取多种措施发展农业生产，确保粮食供给与粮食安全。具体来看，一是把粮食安全提上政府议事日程，把发展农业特别是粮食生产置于经济发展的最优先地位。在经历了2008年全球粮食危机期间世界市场购米困难后，菲律宾决心实施大米自给计划，宣布从化肥供应、灌溉设施建设、农业科技教育、农业贷款保险、农机设备和种子供应等方面着手帮助农民，以提高本国的农产品自给率。越南政府制订了到2020年乃至2030年的国家粮食安全计划，以保障国家粮食安全。马来西亚农业部宣布拨出50亿令吉翻新1.5万公顷的废置稻田，有效扩大了耕种面积。柬埔寨政府已把大米列为农业发展的龙头产业，从政策、资金等多方面予以扶植。2010年8月，柬埔寨政府颁布《促进稻谷生产和大米出口政策》，旨在将柬埔寨打造成世界市场上主要的大米出口国[①]。二是农业投资加大，粮食生产获得了持续发展动力。2012年菲律宾政府的农业预算将从2011年的120亿菲律宾比索增加到250亿菲律宾比索。增加的预算将用于改善农业基础设施，以应对气候变化和强台风。缅甸农业发展银行对2012年的夏稻种植增加1000亿缅元的农业贷款。2011—2012财年同期发放的贷款为3121.1亿缅元，贷款发放的标准为稻谷种植每英亩（1英亩=4046.86平方米）4万缅元，其他作物为1万缅元。2012年夏稻种植贷款提高到每英亩5万缅元，总计将发放43648亿

① 吴崇伯：《东南亚国家的粮食生产与粮食政策》，《东南亚南亚研究》2012年第3期，第32—36页。

缅元。至2012年7月21日，已发放贷款1500亿缅元。文莱于2009年特别拨出3000万文莱元用于执行国家粮食发展战略，提高粮食自给率，主要包括引进高产水稻品种，采用最新水稻种植技术，以及改善农业基础设施等。三是充分挖掘土地潜力，扩大耕地面积。近年来，菲律宾大量耕地流失，导致粮食种植面积大幅缩减，加剧了粮食供应不足。为此，菲律宾政府计划将水稻种植面积增加至110万公顷。缅甸共有农用闲置土地1400万英亩，其中包括缅甸私人获批的400万英亩土地使用权。为了充分提高土地利用率，缅甸政府有意引进印度和越南资本。2012—2015年文莱将全国稻米种植面积从800公顷扩大到5380公顷，大米自给率达到60%。为扩大粮食生产用地面积，马来西亚政府计划在全国13个州每州至少设立一个粮食生产园区，由专门机构管理，马来西亚已有8个这样的园区。全国各州已划定20万公顷的土地专门用于粮食生产①。四是培养和推广水稻新品种，实行新的绿色革命。为提高稻谷产量，马来西亚期望采用中国成功的杂交水稻技术，将现有水稻单产提高15%～20%。2010年马来西亚农业部拨款10亿令吉，以采取措施提升马来西亚粮食产量，其中包括利用科技、良好设施及新品种来保障国家米粮生产。印度尼西亚农业部所属研究与发展局已开发出一批稻谷高产新品种，农业部还计划推广杂交水稻，它将使每公顷增产1～2吨。缅甸强调加强与日本、以色列、印度、泰国等国的农业合作，在国内实施高产优质种子库工程计划。2006年以来，越南农业科研机构已开发出10多个水稻新品种，并广泛投入使用，目前新稻种的播种面积为75万～80万公顷，产量比普通稻种高10%～15%。2010年旱季菲律宾杂交稻种植面积为126645公顷。2011年菲律宾农业部计划扩种64170公顷杂交稻。2012年菲律宾农业部与私营部门合作，计划在未来5年内将杂交稻种植面积扩大至60万～80万公顷②。

纵观东南亚国家独立后粮食安全发展的历史，不难发现，该地区的粮食安全存在以下几个鲜明特征：一是粮食安全具有反复性。“二战”后初期东南亚国家粮食生产得到恢复，粮食安全状况得到改善，但进入20世纪50年代中期后各国粮食生产呈现疲态，粮食安全形势紧张。70年代后受到绿色革命影响，多数东盟国家实现了粮食自给，创造了农业发展奇迹。但是进入90年代后，东盟国家粮食供应状况再度紧张，粮食自给得而复失，尤其是在

① 吴崇伯：《东南亚国家的粮食生产与粮食政策》，《东南亚南亚研究》2012年第3期，第32—36页。
② 同上。

1997年亚洲金融危机和2008年粮食危机期间，东盟国家粮食安全受到巨大冲击。2008年粮食危机过后，东盟国家痛定思痛，出台了保障粮食安全的各项措施，大大缓解了粮食安全的紧张状况。二是政府的农业措施对于粮食安全起到了至关重要的作用。作为后发国家，与西方发达国家成熟的市场机制相比，东南亚国家市场经济发展不够健全，基础非常薄弱，因此其经济发展更加受到政府宏观调控的主导。从战后东盟国家农业发展历史看，政府在农业发展和粮食生产过程中发挥着重要的作用，无论是70—80年代粮食自给的奇迹，还是90年代以后粮食生产的回落，都是政府主导的结果。三是东盟各国粮食安全存在依赖性。从“二战”后东盟国家粮食安全历史看，东南亚还没有一个国家能够在一场粮食危机中独善其身。同样，一国的粮食危机也会很快传导到其他国家，引发整个区域的粮食危机。

第三章

东盟粮食净进口国的粮食安全

在东盟十国中，印度尼西亚、菲律宾、马来西亚、新加坡、文莱等国都是海岛国家，也都是粮食净进口国，但这些国家经济社会发展程度各不相同，根据联合国开发计划署公布的人类发展指数（2012年）划分，新加坡和文莱属于极高人类发展水平的国家，马来西亚属于高人类发展水平的国家，印度尼西亚、菲律宾属于中人类发展水平的国家。由于经济发展程度不同，这些国家保障粮食安全的政策也存在差异。

第一节　新加坡、文莱的粮食安全

一、新加坡的粮食安全

新加坡国土面积狭小，农业在国民经济中的比重不到1%。独立后，随着工业化的发展，尤其是居民住房和工业用地的不断增加，农业用地日益减少，1954年新加坡的农业用地约为1.3万公顷，1977年为1万公顷[①]，进入21世纪后耕地面积缩减为5900公顷左右，约占国土面积的9.5%[②]。由于土地资源极度匮乏，新加坡的粮食基本靠进口，为了保障粮食供应稳定和居民食品安全，新加坡政府实施了如下政策：

第一，按比较优势理论配置使用资源，依赖世界市场解决粮食安全问

① 覃主元等：《战后东南亚经济史（1945—2000年）》，民族出版社，2007，第65页。

② 卢肖平：《中国-东盟农业合作》，农业科技出版社，2006，第152页。

题。20世纪50年代，新加坡是除大米生产国之外世界最大的大米贸易中心，1957—1959年，新加坡每年出口大米18.8万吨，进口大米维持在9.47万吨[①]。1965年独立后，新加坡逐渐实现工业化超越发展，其农业也按照比较优势理论进行配置，主要生产高附加值的产业，如园艺种植、家禽饲养、水产和蔬菜种植等，粮食不能自给，完全依赖进口。新加坡之所以可以依赖世界市场保障自己的粮食安全，得益于两个特殊条件：一是人口少，粮食需求量较小。2011年新加坡常住人口为518万人，以大米为主食。如表3-1所示，2006—2015年，新加坡大米进口总量在23万～30万吨，占世界大米进口总量的0.76%。二是具有较强的支付能力。独立后新加坡的经济得到了快速发展，形成了以制造业、贸易、交通、金融、建筑业为支柱的多元化经济格局，成为亚太地区重要的国际贸易中心、金融和航运中心。1965—2000年新加坡经济增长率平均达到8.69%，国内生产总值增长了54倍，人均GDP由1960年的428美元提高到2000年的23414美元，再提高到2011年的50123美元，成为在亚洲与日本发展程度旗鼓相当的国家。国家经济的快速增长，国民财富的不断增加，在很大程度上提升了新加坡在世界市场上的粮食购买能力，即使是1998年亚洲金融危机和2008年粮食危机期间，新加坡的粮食供应也并没有受到太大冲击。

表3-1　2006—2015年新加坡大米进口量

项目	2006年	2007年	2008年	2009年	2010年	2011年	2012年	2013年	2014年	2015年
世界大米进口总量／千吨	29033	31806	29544	29403	31773	36486	39967	39482	43397	42579
新加坡大米进口量／千吨	233	250	274	246	264	275	247	293	325	300
新加坡占比／%	0.8	0.8	0.9	0.8	0.8	0.8	0.6	0.7	0.7	0.7

数据来源：FAOSTAT。

第二，扩大进口食物的多元化贸易，增强食物供应弹性。对世界粮食市场依赖程度的提高意味着风险因素的增加和粮食安全脆弱性的提高。这种风险又在一定程度上受到进口来源国数量的影响，进口来源国数量越少，风险越高。为了降低风险，为了避免进口过度依赖单一国家而造成的粮食安全脆弱

① 魏达志：《东盟十国经济发展史》，海天出版社，2010，第301页。

性，新加坡政府努力扩大进口食物的多元化格局，以增强粮食安全的弹性。从大米进口看，新加坡进口大米来源地包括了泰国、缅甸、巴基斯坦、中国、越南、美国、澳大利亚等国。小麦则主要从美国和澳大利亚进口。由于实现了进口食物来源的多元化，在某一供应国出现短缺时，便可以由其他国家替代，这使新加坡的食物进口可以保持变通性出现和适应性，从而有助于国内农产品价格的稳定（见表3–2）。

第三，根据粮食安全新内涵实现食物消费升级，确保食品安全。1996年，世界第二次粮食首脑会议对粮食安全概念进行了第三次定义："只有当所有人在任何时候都能够在物质上和经济上获得足够、安全和富有营养的粮食，能够满足其积极的、健康生活的膳食需要和食物喜好时，才算实现了粮食安全。"与前两个定义将粮食安全的重点放在粮食的可获得性上相比，这个定义增加了食物的健康性和食物的传统性要求。新加坡作为率先实现社会转型的"亚洲四小龙"之一，对于粮食安全内涵有着与联合国粮农组织同样的理解，这主要表现在：一是积极引导居民的食物消费方向，提高全民科学、合理膳食的水平。经过40多年的发展，新加坡实现了居民食物消费升级，2005年，新加坡居民人均日消费谷物、肉、蛋、奶、食糖、水果和蔬菜分别为0.29千克、0.20千克、0.05千克、0.49千克、0.20千克、0.22千克和0.37千克。7类主要食物中，谷物、肉、蛋、奶、食糖、水果和蔬菜分别占了16%、11%、3%、27%、11%、12%和20%，除蛋类消费量较少外，其他食物消费较为均衡[①]。

表3–2　新加坡进口食物来源地

食物名称	来源地
鱼类	泰国、马来西亚、印度尼西亚
牛肉	新西兰、澳大利亚、巴西
鸡蛋	马来西亚
禽肉	马来西亚、美国、丹麦、泰国、巴西、中国
冷藏猪肉	澳大利亚、新西兰
冷冻猪肉	中国、新西兰、丹麦、法国、英国
生猪	印度尼西亚
羊肉	澳大利亚、新西兰

① 吕开宇、申兆群：《新加坡粮食安全政策及启示》，《中国食物与营养》2010年第11期，第13—16页。

（续表）

食物名称	来源地
水果	马来西亚、美国、中国、澳大利亚、泰国
大米	泰国、缅甸、巴基斯坦、中国、越南、美国、澳大利亚
小麦	澳大利亚、美国
冷冻鲜鱼和海产品	马来西亚、印度尼西亚、泰国

二是关注食品安全，完善食物监控制度，构建完善的食物安全标准体系和制定进出口农产品认证制度，严格检验和检测农产品的生产和加工流程。新加坡通过构建完善的标准体系，使得有害物质在引进食物供应链之前被有效辨别并排除，同时通过制定严格的认证制度，保证了食物来源的安全卫生，通过检验和检测保证了食物在进口、生产和加工等流程均得到有效监控，有效地保障了进口食物的安全。

新加坡经济社会发展程度高，人均收入已经跻身发达国家行列，有很强的支付能力，近期粮食安全风险较低，但由于新加坡粮食完全不能自给，极度依赖世界市场，如果世界市场粮食极端短缺，或出口国实施粮食禁运，那么该国容易引发粮食安全风险。

二、文莱的粮食安全

1. 文莱粮食安全状况

文莱是一个国土面积仅有5765平方公里的袖珍国家，人口约40万人。独立后文莱大力发展石油和天然气产业，使得石油和天然气成为文莱国民经济的支柱。根据文莱经济计划发展局公布的数据，2011年，文莱GDP为163.3亿美元，其中油气产业占GDP总额的67.7%[①]，可以说文莱是典型的石油经济国家。文莱耕地面积仅为国土面积的5%，2002年全国灌溉总面积仅为10平方公里，农业总产值仅占国内生产总值的3%。大米是文莱人民的主食，在“二战”前大米生产完全自给，并有少量盈余可以出口，但在20世纪70年代之后，由于石油、天然气成为文莱的支柱产业，再加上公共服务业的发展，许多人弃农转业，这使传统农业受到冲击，粮食长期不能自给，1998—2007年文莱水

① 《文莱发布2011—2012年主要经济数据》，引自中华人民共和国驻文莱大使馆经济商务参赞处网站。

稻年均产量为525.2吨，年均进口量为30076.3吨，2008年大米产量为911吨，自给率不到3%。2008年大米价格飙升对文莱产生较大冲击，高额粮价也加重了政府财政负担。2008年以来，文莱政府多次强调要重视农业生产和粮食安全。2008年，文莱苏丹在多个场合发表谈话提出要制定国家粮食安全战略和农业发展战略，确保粮食供应。文莱苏丹表示，"农业对经济多元化发展的重要性是毋庸置疑的"，世界上没有一个国家可以不重视农业，因为这关系到人们的食物充足与否[①]。为了发展农业生产，保障粮食安全，2010年11月1日文莱政府举办了以"粮食自产，国家安全"为主题的农民及渔民日庆祝活动，并提出到2010年将国内大米自给率提高到20%，2015年提高到60%的宏伟目标。如图3-1所示，随着政府各项发展农业和粮食生产措施的出台，文莱大米生产量有大幅度提高，2013年大米产量达到1850吨，2014年大米产量增加到1940吨，比2005年增长了127.9%，大米自给率大为上升，以人均大米消费量73千克计，大米自给率已经达到58%。此外，文莱的肉、蛋、水产品的自给率也在提高，据文莱《婆罗洲公报》2012年11月2日报道，文莱肉、蛋能够自给自足，水产品自给率约90%，蔬菜和水果自给率分别为86%和25%[②]。

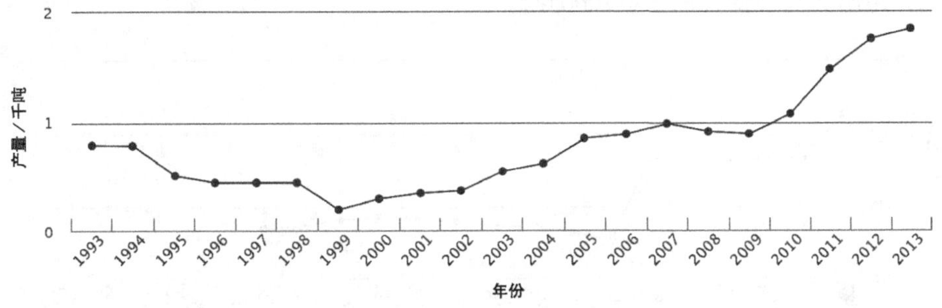

图3-1　1993—2013年文莱大米产量

数据来源：FAOSTAT。

2. 提高粮食自给率，保障粮食安全的措施

第一，增加对粮食生产的投入。自1994年起，文莱政府启动了经济多元化战略，积极鼓励和支持非油气产业的发展，以调整单一经济结构，其中农业特别是粮食种植是政府重点扶持行业。2001—2002年，文莱政府共拨出240万

① 马金案编著：《文莱经济社会地理》，世界图书出版公司广东有限公司，2014，第38页。

② 《文莱将通过提高农业生产效率解决粮食安全问题》，引自中华人民共和国驻文莱大使馆经济商务参赞处网站。

文莱元支持农业，其中60万文莱元用于购买大米援助基金，20万文莱元用于改善灌溉系统及道路等[①]。2008年以后，在文莱苏丹的亲自督促下，发展水稻种植成为农业领域中的重中之重，2010—2011年，政府给予农业局的开支达到2916.274万文莱元，比2001—2002年增长1115%。政府对粮食生产的投资主要体现在实施粮食生产价格补贴，改善农业基础设施等。

第二，逐步扩大水稻种植面积。近年来虽然文莱大米产量实现了大幅度增长，但每公顷产量却维持在8000千克左右，与1994—1998年的每公顷16000千克相比出现了大幅度下降（见图3-2）。这说明文莱大米产量增加主要得益于水稻种植面积的扩大。1999—2001年文莱水稻种植面积分别为381.3公顷、463.5公顷、491.4公顷，2004年政府将粮食种植作为重点扶持行业后，文莱水稻种植面积迅速扩大，2004年扩大到757公顷，2007年又扩大至1335公顷。2008年，文莱政府宣布计划到2015年，全国水稻种植面积扩大到3000公顷。2011年8月，文莱工业与初级资源部部长叶海亚在接受专访时表示，文莱政府计划新开垦5000公顷土地，用于水稻生产，以满足文莱不断增长的人口的粮食需求。尽管新增耕地面积不及国土面积的1%，但产量可超过4万吨，超出文莱粮食总消费量7000吨[②]。

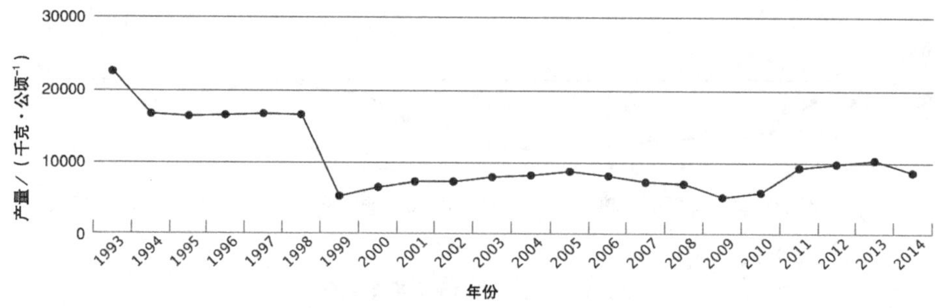

图3-2　1993—2014年文莱大米每公顷平均产量

数据来源：FAOSTAT。

第三，实施水稻生产补贴和价格保护制度。为了推动水稻种植的发展，文莱政府对水稻生产实施补贴制度。2009年文莱政府推出促进农业增长的五项

① 《漫话文莱农业》，《广西日报》2004年2月17日。

② 《文莱坚信2015年可实现粮食60%自给》，引自中华人民共和国驻文莱大使馆经济商务参赞处网站消息。

措施中，特别强调加强对种子、化肥、杀虫剂、除草剂、农业机械等基本农业物资的补贴，补贴幅度达到价格的50%。长期以来，文莱对农产品的进口实施零关税，也没有非关税壁垒，只是对某些食品实行较严格的检疫。文莱进口大米97%来自泰国，泰国普通大米的进口价格为0.84文莱元/千克。为了保护本国粮食产生，根据文莱第五个五年计划，政府对水稻实施价格扶持计划，采用补贴价的方法收购国产水稻。文莱政府对大米市场价格实行补贴和管制政策，政府大米收购价为1.6文莱元/千克，由于本地大米产量少，黑市大米价格高达4文莱元/千克，而官方售价为1.2文莱元/千克[①]。

第四，积极引进外国资本和技术。文莱水稻种植技术比较落后，田间管理十分粗放，水稻品种单一，产量有限。为了实现粮食自给目标，政府大力引进中国、韩国、泰国、越南、新加坡等国的资本和技术。据《文莱时报》2013年4月16日报道，泰国驻文莱大使帕猜拉塔纳表示，泰国农业部已基本完成与文莱的农业合作规划，将适时邀请文莱苏丹访问泰国签署两国农业合作谅解备忘录。根据泰方规划，文泰两国将加强在水稻种植、大米进口、清真食品加工等领域的合作。据文莱《联合日报》2013年5月20日报道，正在文莱访问的越南农业与农村发展部部长高德发与文莱工业与初级资源部部长叶海亚签署农业合作谅解备忘录，确定未来双方将加强农渔业、畜牧业和清真食品加工等5个领域的合作。高德发考察文莱水稻种植区后表示，越南将加强对文莱派遣水稻种植专家，并援助先进水稻品种和农业机械，帮助文莱种植水稻，实现大米60%自给率的目标。2013年，越南在文莱已开发两块水稻合作种植区，面积分别为1公顷和23公顷，未来双方水稻合作种植区规模有望进一步扩大。2010年中国广西玉林与文莱农业局开展了水稻研发合作，在为期6个月的研发过程中，中方人员在3公顷的荒地上试种了10个品种，平均每公顷干谷产量为6.41吨[②]。

文莱粮食自给率较低，但由于依靠石油经济获得较强的国际支付能力，2015年人均国民生产总值为2.7万美元，排世界第28位，近期粮食安全风险较低。远期粮食安全风险在于经济结构对油气出口的依赖，一旦油气资源枯竭或世界市场油气价格暴跌，都会对文莱粮食安全造成一定影响。

① 曾艳华:《东盟农业及其与中国农业合作》，广西师范大学出版社，2013，第171页。

② 马金案编著:《文莱经济社会地理》，世界图书出版公司广东有限公司，2014，第43页。

第二节 马来西亚的粮食安全

一、马来西亚的粮食安全状况

马来西亚在殖民者入侵以前是自给自足的农业国，英国殖民统治时期，马来西亚转变成为典型的殖民地经济，经济结构畸形，主要种植橡胶、油棕等热带经济作物，粮食不能自给，在西马来西亚，“二战”之前大米仅有1/3是由本地生产，另外2/3需要进口，1949年西马来西亚进口大米量为62%[①]。

1957年独立以后，马来西亚政府实施进口替代战略，重点发展制造业，对于农业的投入比较少，而且主要是放在橡胶、油棕、可可、胡椒等经济利益高的作物上，粮食生产处于缓慢发展阶段。如在西马来西亚，1968—1969年水稻种植面积为12.41万亩，比独立前增加了65.9%，比1927年增加了不到1倍；1927年油棕种植面积只有1.8万亩，而1967年已经增加到399万亩，比1927年增加了220倍[②]。而在外部环境方面，此时美国等少数几个发达国家农产品生产过剩，采取援助、赠予和低息贷款等方式，向东南亚国家大量倾销大米、小麦等粮食产品，在很大程度上抑制了这些国家粮食生产的发展。

20世纪70年代初，世界市场粮食严重供不应求，大米价格大幅上涨，美国等西方国家也将粮食援助和赠予改为高价销售，马来西亚的粮食问题开始严重化。在此背景下，马来西亚政府在重视经济作物生产的同时，开始注意粮食的生产，并采取了一系列的支持措施，如扩大水稻种植面积、增加政府投入、兴修水利、推广水稻种植技术、实施最低价格保护等措施。在政府的大力支持下，马来西亚粮食生产的速度明显加快，产量迅速提高。到1979年，大米产量从1965年的125万吨上升到209万吨，增长了67.2%（见图3–3），人均产量从72千克提高到93.1千克，大米的自给率达到85%。

80年代以后，尤其是80年代中期以来，马来西亚粮食生产进入一个停滞发展的阶段，无论是粮食产量、种植面积，还是生产投入、经济效益都出现明显的徘徊或下降的趋势。

马来西亚地处热带地区，气候、土壤更适宜经济作物的种植。而且与种植水稻相比，马来西亚农民更愿意从事橡胶等经济作物的生产，因为，水稻

---

① 洪国平：《马来西亚半岛的农业与农村发展》，教育出版社，1978，第106页。

② 洪国平：《马来西亚半岛的农业与农村发展》，教育出版社，1978，第108页。

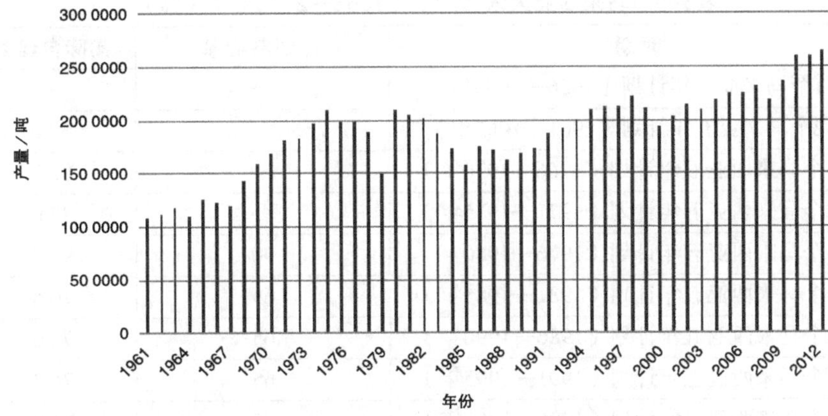

图3-3　1961—2013年马来西亚大米产量

数据来源：FAOSTAT。

从播种到收割“通常需要数月时间，且收成好坏又无十分把握。割胶工作则可以每天结束，由清晨开始工作至下午两三点即告完毕，只要不是雨天，每日实作实收，十分有把握。况且下午空暇时，或可消遣，或可做些副业，以增加家庭之收入，所以农民都尽可能严守胶业活动而避免改道他行”[①]。因此粮食生产只是作为经济作物的副业，以满足国内需求为主要目标。根据马来西亚有关部门的测算，70年代期间，同样一英亩的耕地，种植橡胶每年可获得净收益为600～650元，油棕为1000～1200元，胡椒为2000～2500元，可可为3500～5000元，而种植水稻的净收益仅为300元[②]。因此，马来西亚粮食作物的种植只限于自给的范围。由于粮食生产在农业中地位受到限制，因此其基础薄弱，后劲不足。这样，自80年代起，特别是进入90年代以来，国内粮食生产中的种种问题日渐增多，出现产量减少，自给率下降，对外依赖重新加重的趋势。1987年大米产量降至162.2万吨，比1980年减少42万吨，大米自给率下降至68%。1990年马来西亚进口大米33万吨，成为大米净进口国。1991年马来西亚水稻种植面积为67.99万公顷，比1985年的水稻种植面积还少近10万公顷，当年大米产量为135.3万吨，需进口大米40万吨。1995年大米进口量升至42.76万吨，大米自给率也降至62%，见表3-3。

① 洪国平：《马来西亚半岛的农业与农村发展》，教育出版社，1978，第107页。

② 赵洪：《马来西亚粮食生产的发展过程及其存在的问题》，《南洋问题研究》1996年第3期，第7—11页。

表3-3　马来西亚大米自给率（1956—2010年）（%）

时期	计划自给率	实际自给率
第1个马来亚五年计划（1956—1960年）	—	—
第2个马来亚五年计划（1961—1965年）	—	60.0
第1个马来西亚五年计划（1966—1970年）	—	80.0
第2个马来西亚五年计划（1971—1975年）	—	87.0
第3个马来西亚五年计划（1976—1980年）	90	92.0
第4个马来西亚五年计划（1981—1985年）	65	76.5
第5个马来西亚五年计划（1986—1990年）	65	75.0
第6个马来西亚五年计划（1991—1995年）	65	76.3
第7个马来西亚五年计划（1996—2000年）	65	71.0
第8个马来西亚五年计划（2001—2005年）	65	71.0
第9个马来西亚五年计划（2006—2010年）	65	72.0

数据来源：FAOSTAT。

2008年粮食危机中，马来西亚由于大米自给率较低，也受到一定程度的冲击，马来西亚的消费价格指数和食品价格指数增长率都达到了历史新高。据马来西亚当地报纸抽样调查，2008年1～4月，各地餐厅米饭的价格普遍上涨了1/3，马六甲地区甚至上涨了50%。米价的上涨引起了抢购风潮，为维持社会稳定，马来西亚槟州政府曾在2008年5月免费为贫苦人群派发大米。虽然马来西亚没有像其他国家一样发生大的社会动荡，但是随着大米抢购风潮愈演愈烈，社会秩序出现一定程度的混乱。2009年3月，部分地区罕见地出现群众示威游行。迫于国内压力，马来西亚政府出台措施，限制谷物出口，并与泰国政府就粮食安全问题举行紧急磋商，随后两国达成了大米贸易协议，但是成交价高达每吨950美元，比此前的价格高出近400美元。2008年马来西亚大米进口总量为103.9万吨，2009年达到创纪录的108.6万吨，比2002年增加了60.6万吨，增幅为126%。如图3-4所示，2009—2011年，马来西亚粮食自给率一直维持在60%左右。2015年以来虽然马来西亚大米产量有所增加，但大米进口一直维持在每年1000万吨左右，粮食自给率维持在70%左右。

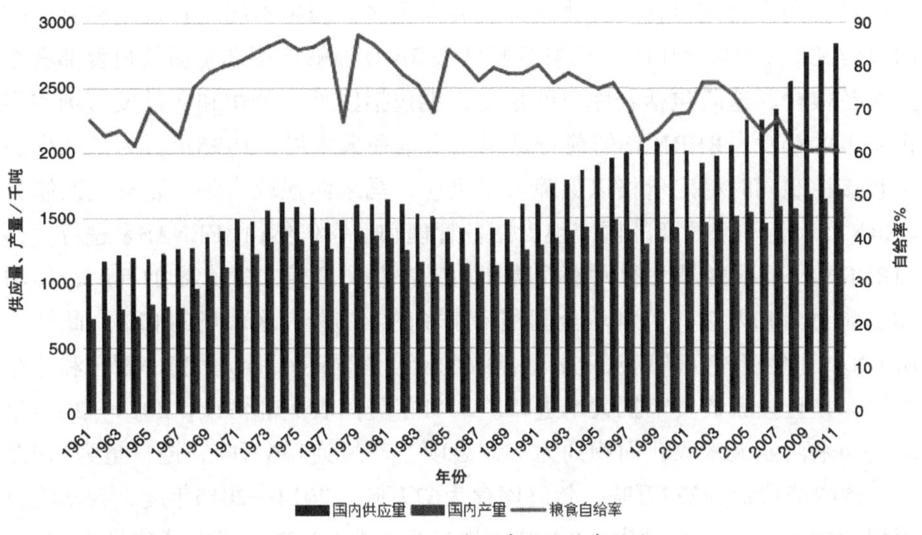

图3-4　1961—2011年马来西亚粮食供应

数据来源：FAOSTAT。

二、马来西亚的粮食安全政策

（1）主张不完全的粮食自给，用粮食本地生产外加国外进口办法满足国内粮食需求。由于历史因素，马来西亚形成了片面倚重经济作物的农产品结构，粮食生产成本比较高。根据联合国粮农组织的统计，马来西亚生产1吨稻谷的成本为436令吉，而越南的成本为每吨169令吉，泰国是每吨296令吉，印度尼西亚是每吨324令吉①。因此，马来西亚政府根据比较优势原则，不主张粮食实现完全自给，通过世界市场辅助实现粮食安全。在国内粮食供应受到冲击后，马来西亚政府曾经制定发展规划，计划到2010年大米自给率要达到90%，但后来马来西亚政府放弃实现完全大米自给的目标。据2011年《星洲日报》报道，马来西亚农业及农基工业部部长诺奥马预计到2020年，马来西亚稻谷生产量将达180万吨，民众对稻谷产品的需求量为314万吨，其中对大米的需求达265万吨，马来西亚仍然需依靠进口大米才能满足国内需求②。

（2）由私有化的马来西亚国家稻米公司（BERNAS）来管理与运作粮

① 钱树静、侯敏：《马来西亚粮食安全政策及其启示》，《广西财经学院学报》2013年4月，第90—95页。

② 《星洲日报》2011年4月6日。

食储备。马来西亚粮食库存体系与世界上大多数国家不同，它是由私有化的BERNAS来管理与运作的，马来西亚将BERNAS能够运用和掌握的粮食都看作是储备粮食，这既包括仓库里的粮食，也包括国外分公司和在批发市场和零售店里的粮食。BERNAS的前身是国家水稻和大米局，1996年，为了减少国家直接控制同时稳定价格以保障大米供应，马来西亚政府将其私有化改制为BERNAS，但马来西亚的国家粮食储备管理和运作仍然由BERNAS来进行。目前BERNAS是国内最大的大米收购和加工企业，经营32家大米加工厂，年均加工能力为40万吨，控制着全国稻米市场的24%和大米市场的45%。此外，BERNAS还负责按照政府规定的最低收购价收购国产水稻，销售、配送和储存大米，并且独家负责审批大米进口。2011年美国农业部估计，2013—2014年度，马来西亚大米收获面积约为69万公顷，产量为176万吨，进口量为110万吨，国内消费量为277万吨，年终库存为67万吨。2014—2015年度，大米收获面积为69万公顷，产量为180万吨，进口量为110万吨，国内消费量为280万吨，年终库存为77万吨。

由于储备大量粮食需要占用巨额资金，一般情况下BERNAS拥有大约9.2万吨的大米浮动库存，仅可以维持15天的消费，远远低于联合国粮农组织估算的最低安全水平，仅是最低标准的23%。据马来西亚当地媒体报道，2008年上半年在世界大米价格暴涨的情况下，因为担心巨大的经济损失，BERNAS私下减少了大米库存。这一消息很大程度上触发了国内不安情绪，引起了非常严重的大米抢购风潮。之后BERNAS迫于现实压力，向政府提交申请要求资金援助以进口大米，但政府2个月后才同意申请，而这时国内的恐慌情绪已达到了临界点，同时世界市场的米价也达到了历史最高点[①]。2008年马来西亚投入近8亿美元的资金，建立一个以稻谷为主的缓冲储备库。

（3）通过多种形式支持大米生产。在受到粮食危机冲击的背景下，2008年4月马来西亚内阁会议通过了粮食安全政策，内容涉及增加粮食储备、扩大粮食种植面积、设立粮食供应保障机制等。之后马来西亚政府采取多种措施保障稻米生产：一是马来西亚农业部拨款50亿令吉开发荒废的1.5万英亩稻田，以扩大稻谷种植面积。二是实行国内的稻谷种植业园优化管理。政府实行国内的稻谷种植业园优化管理后，能集中管理所有稻田，包括提供稻田区灌

① 钱树静、侯敏：《马来西亚粮食安全政策及其启示》，《广西财经学院学报》2013年4月，第90—95页。

溉系统等，增加粮食供给，减少依赖进口，同时有助于提高稻农的收入[①]。三是与菲律宾、中国等合作，引进优质杂交水稻良种。四是确定最低收购价格，为稻种、肥料和其他农业投入提供补贴。2014年初，政府确定的大米支持价格为1200令吉/吨。

三、马来西亚的粮食安全隐患

马来西亚的粮食安全隐患主要在于：一是大米不能自给。马来西亚在油棕和橡胶等经济作物上具有巨大的生产优势，可以据此拥有稳定的外汇收入，因此其依靠国际粮食贸易实现粮食安全的政策有一定道理。但是，作为主粮的大米没有实现自给，留下巨大隐忧。因为世界大米市场容量非常小，2005—2011年世界平均进口总量在3000万吨左右，而马来西亚这6年平均大米消费量为295万吨，约占世界平均进口总量的10%，实际进口量平均约100万吨，约占世界平均进口总量的3.3%（见图3–5）。2008年粮食危机是在全球粮食生产没有发生太大减产情况下发生的，却对马来西亚的粮食供应和社会稳定造成巨大冲击。如果全球出现普遍大米歉收，国际供应偏紧，必然会给马来西亚粮食供应带来更大隐患。二是国家粮食储备系统完全由私有企业运作。粮食储备作为保障粮食安全不可缺少的环节，是政府履行其安全保障的职能之一，马来西亚却把这个属于政府公共服务的职能交由一个私有企业管理。毕竟企业的管理者不是国家的管理者，企业的决策总是以市场为依据，不可能完全兼顾国家的利益。

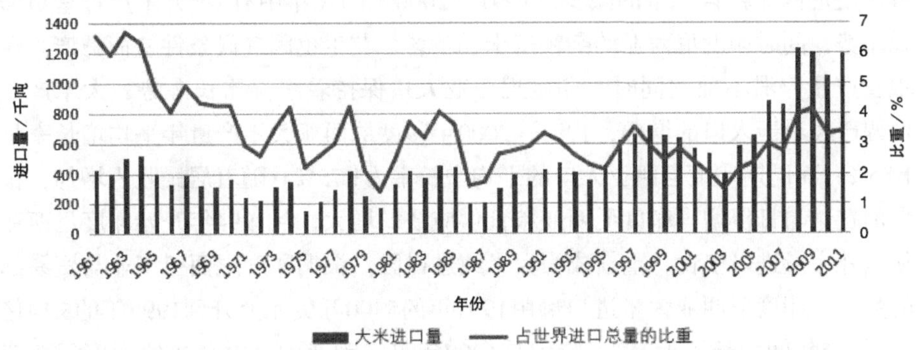

图3–5　1961—2011年马来西亚大米进口量及其占世界进口总量的比重

数据来源：FAOSTAT。

① 《东方日报》2011年4月6日。

第三节 印度尼西亚、菲律宾的粮食安全

一、印度尼西亚的粮食安全

（一）印度尼西亚的粮食安全状况

印度尼西亚是世界上最大的岛国，也是东南亚地区土地面积最大、人口最多的国家，印度尼西亚大部分地区土壤肥沃，气候适宜，雨量充沛，非常适合种植水稻。印度尼西亚独立前，作为荷兰殖民地主产热带经济作物，粮食难以自给。独立后，政府采取措施逐步改善原来单一的殖民地经济结构，粮食生产逐渐恢复，1953年杂粮生产比“二战”前增长了20%，1954年大米产量达到756万吨，比“二战”前增长了8%[①]。1967年苏哈托总统任职后把粮食生产作为政治和经济稳定的首要目标，特别是20世纪70年代中期政府推行绿色革命，增加投入，吸引国内外资本和技术，积极发展水稻种植，在1984年大米产量达到3813万吨，实现了粮食自给，摘掉了世界最大大米进口国的帽子，被国际农业经济学家形容为创造了一项白米奇迹。印度尼西亚总统苏哈托为此获得了联合国粮农组织授予的金质奖章。

但是，进入20世纪90年代后，随着政府将发展重点转向工业，城市化和工业化对农村耕地造成挤压，粮食种植面积呈减少趋势。印度尼西亚国家统计局的数据显示，印度尼西亚的水稻耕种面积已从1983年的1670万公顷萎缩到2006年的1180万公顷，平均每年减少1.7%。而90年代极端气候年份的增加更造成印度尼西亚粮食产量的减少。1991—2000年的10年中有5年大米产量呈负增长态势，同时印度尼西亚的杂粮玉米、番薯、花生也因气候条件差而减产。在粮食产量停滞不前的同时，印度尼西亚人口保持着缓慢增长态势，大米产量增幅已经小于人口的增幅，1991—2000年印度尼西亚大米产量年平均增长率是1.55%，而同期印度尼西亚人口的平均增长率为1.75%。随着居民收入增加，粮食消费量与日俱增，印度尼西亚粮食供应缺口增大，从1994年开始印度尼西亚从国外大量进口粮食，重新成为大米纯进口国。根据印度尼西亚工业与贸易部的数据，印度尼西亚大米进口额由1991年的5300万美元上升到1995年的5.14亿美元，5年间增长了近9倍。特别是1997年旱灾和亚洲金融危机给印度尼西亚以重创，当年大米产量比上一年下降3.4%（见图3-6），国内粮食供应缺口加

① 魏达志：《东盟十国经济发展史》，海天出版社，2010，第236页。

大。1997年亚洲金融危机爆发之后，为了增加粮食供应，稳定国内粮食价格，印度尼西亚政府采取了一系列措施，主要包括：政府将拥有的粮食投放市场，给贫困家庭发放大米，放开大米进口限制等。

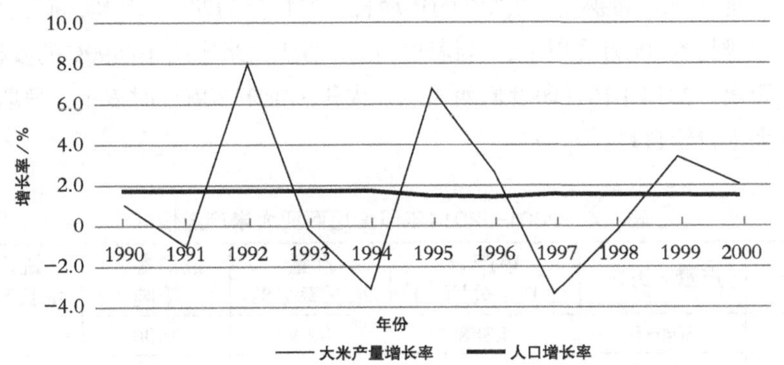

图3-6　印度尼西亚国内大米产量增长率及人口增长率

数据来源：FAOSTAT。

为应对日益严峻的粮食问题挑战，印度尼西亚政府再次将粮食保障问题提上重要议事日程，2001年专门成立了粮食安全委员会，负责制定有关粮食供应、分配、消费的政策以及食物的质量、营养和安全的政策，并对国家的粮食安全项目进行评估和监督。在粮食安全委员会的领导下，印度尼西亚政府采取了增加农业投入，从政策、资金等方面扶植农业的发展，扩大粮食耕地面积，推广优良品种等措施，大米产量逐渐增加。但2008年国际粮食价格的暴涨对印度尼西亚的粮食安全形势形成巨大挑战。据印度尼西亚《国际日报》2008年10月7日报道，2008年9月印度尼西亚通胀率高达9.7%，为近3年来最高数据，1～9月累计通胀率为10.47%，而2007年9月至2008年9月的年度通胀率为12.14%，此次通胀的主要原因在于粮食和食品价格的上涨推动①。为了稳定粮食价格，印度尼西亚政府在颁布的“2008年大米政策总统法令”中将经济稳定置于首要位置，而大米价格的稳定则是重中之重。为此，政府降低了大米和其他杂粮的进口关税，并在国内需求得到保障之前限制大米的出口；将大米储备从204000吨增加至352000吨；增加对贫困人口的救助，向贫困家庭发放的大米从2008年1月的每个家庭每月10千克增加到2008年2月的每个家庭每月15千克。

① 《今年9月份印度尼西亚年度通胀达12.14%》，中国驻印度尼西亚大使馆商务参赞处网站，http://id.mofcom.gov.cn/article/ziranziyuan/huiyuan/200810/20081005816110.shtml。

2008年印度尼西亚国内粮食价格的上涨主要受到世界市场粮食价格飞涨的冲击，2008年印度尼西亚国内大米产量比上年增加5.4%，达到6025万吨，因此收获季节到来后，印度尼西亚粮食价格逐渐稳定。如表3-4所示，2009年以来印度尼西亚大米产量保持了2.78%的年增长，2014年为7084.6万吨，而大米的进口量基本维持在100万吨以上，这说明印度尼西亚大米自给率离90%的及格线仍有一定距离。2014年10月印度尼西亚总统佐科·维多多就任时表示，争取在3年内实现大米自给自足。

表3-4　2001—2014年印度尼西亚大米产量情况

年份	产量／万吨	单产／（吨·公顷$^{-1}$）	产量增长率／%	进口量／千吨	进口量增长率／%
2001	5046.0	4.388	−2.8	1500	—
2002	5148.9	4.469	2.0	3500	133.3
2003	5213.7	4.538	1.3	2750	−21.4
2004	5408.8	4.536	3.7	650	−76.3
2005	5415.1	4.574	0.1	500	−23.0
2006	5440.2	4.618	0.5	539	7.8
2007	5757.4	4.052	5.0	2000	271.0
2008	6025.1	4.948	5.4	350	−82.5
2009	6439.8	4.985	6.9	250	−28.5
2010	6646.9	5.153	3.2	1150	360
2011	6575.6	4.802	−1.1	3098	169.3
2012	6905.6	5.360	5.0	1960	−36.7
2013	7127.9	5.520	3.2	650	−66.8
2014	7084.6	5.348	−0.6	1225	88.5

数据来源：FAOSTAT和USDA。

从贫困家庭和贫困人口看，1996年印度尼西亚处于粮食不安全状态（成人摄入的食物所提供的热量低于标准的80%，家庭用于食物的费用超过家庭开支的60%）的比例为5.16%，1999年增长到16.08%，2002年回落至9.95%，2006年为10.49%①。从联合国粮农组织关于粮食安全的另一指标——营养不良人口比例看，近年来，印度尼西亚贫困人口大幅减少。印度尼西亚营养不良人

① Anke Niehof, *Food, diversity, vulnerability and social change*, (Netherlands: Wageningen Academic Publishers, 2010), p.100.

口比例在1991年高达19.7%，之后逐年下降，到2015年已经下降至7.6%，远离了12%的警戒线（见图3–7）。

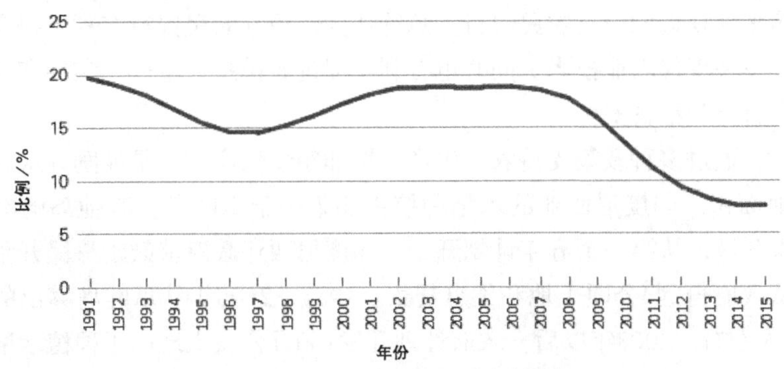

图3–7　1991—2015年印度尼西亚营养不良人口比例

数据来源：FAOSTAT。

（二）印度尼西亚的粮食安全政策

印度尼西亚人口众多，主食大米，大米生产一直是关系到国计民生的大问题。长期以来印度尼西亚政府都致力于增加大米产量，争取实现粮食自给。尤其是1997年亚洲金融危机爆发，印度尼西亚粮食安全受到巨大冲击后，印度尼西亚政府将粮食生产和粮食安全问题再次放在头等重要位置，出台了一系列保障粮食供应，维护粮食安全的政策与措施，主要包括：

第一，增加对农业的投资。20世纪90年代印度尼西亚粮食自给能力不足的主要原因是政府将经济发展的重点转向了工业，对农业的投资减少。1998年之后，印度尼西亚政府加大了对农业的投资，2004年政府对农业的投资为1.9万亿印尼盾，2005年为4.3万亿印尼盾，2006年为6.7万亿印尼盾，2007年为8.7万亿印尼盾[①]，4年增长了约3.5倍。佐科·维多多就任总统后，继续加大对农业的投入，2015年农业投资为32万亿印尼盾，比2014年翻了一番多，2016年计划增加至40万亿～45万亿印尼盾[②]。除了政府投资外，印度尼西亚还通过商业信贷集合社会力量增加对农业的投入。2007年1月时任印度尼西亚国企部部长苏基·哈多表示将在6月成立粮食能源公司（PT. Pangan Energi Nusantara），该公司的主要职能包括协调银行机构为农业提供贷款，为农业现代化改革提供

① 吴崇伯:《当代印度尼西亚经济研究》，厦门大学出版社，2011，第12页。

② 吴崇伯:《当代印度尼西亚经济研究》，厦门大学出版社，2011，第12页。

支持，为农业提供优良种子及其他生产资料等[①]。据印度尼西亚《千岛日报》2015年8月4日的报道，为了便于本国农民融资和开发市场，印度尼西亚总统佐科·维多多计划近期设立农民银行。总统认为，设立农民银行有利于提高农民的收入，发展现代农业技术。同时也有利于促进农民扩大生产，实现印度尼西亚的粮食自给和粮食安全[②]。

第二，通过多种政策支持农业生产，增加粮食供应。一是鼓励开垦荒地，扩大耕地面积。印度尼西亚的水稻种植主要集中于爪哇岛，其他岛屿有大量荒地可供开垦，从第一个五年计划开始，印度尼西亚政府就鼓励移民开荒，移民可以从政府得到4公顷土地和优惠贷款。1985—2005年从爪哇岛移出的居民为365万人左右。2008年以后，政府计划开发100万公顷土地用于种植水稻。此外，政府还计划将苏拉威西岛270万公顷荒地改造为玉米种植地，在巴布省开垦160万公顷荒地种植粮食[③]。二是推广优良品种，提高水稻单位产量。目前，印度尼西亚自己研究的水稻品种大约有10种，平均产量只有4～5吨/公顷，还达不到我国杂交水稻产量的一半。此外，由于水稻种子价格较高，40%的印度尼西亚农民自己培育水稻种子[④]。为了增加水稻平均产量，近年来印度尼西亚政府注重从国外引进水稻新品种，尤其是中国的杂交水稻。三是加强农田基本建设，完善水利设施。印度尼西亚农业基础设施和生产技术落后，大部分地区缺乏完善的蓄水灌溉系统，约有52%的灌溉系统年久失修，农业生产基本处于“靠天吃饭”的阶段，遇到旱涝灾害，水稻生产易遭受损失。为了在3年内实现粮食自给的目标，印度尼西亚计划在2019年前建成并运营29座大型水坝，2015年印度尼西亚政府将拨付6.7亿美元建设11个大坝。

第三，成立专门机构，负责管理粮食价格和粮食储备。印度尼西亚政府把大米列为重点监控的商品之一，并由国家粮食后勤总署（BULOG）负责大米等主要粮食作物的储备、市场调控、进出口管理等。每年丰收季节，国家粮食后勤总署以政府规定的价格向农民收购大米进行储备，一旦大米市场价格过高，国家粮食后勤总署将向市场出售库存粮食，平抑米价。1999年印度尼西亚

① 《印度尼西亚商报》2007年1月15日消息，引自中华人民共和国驻印度尼西亚大使馆经济商务参赞处网站，http://id.mofcom.gov.cn/article/ziranziyuan/jjfz/200701/20070104268026.shtml。

② 《千岛日报》2015年8月4日，引自中华人民共和国驻印度尼西亚大使馆经济商务参赞处网站，http://id.mofcom.gov.cn/article/ziranziyuan/tiyu/201508/20150801073845.shtml。

③ 吴崇伯：《当代印度尼西亚经济研究》，厦门大学出版社，2011，第14页。

④ 《印度尼西亚稻米生产消费概况》，引自中华人民共和国驻印度尼西亚大使馆经济商务参赞处网站，http://id.mofcom.gov.cn/article/ddgk/zwrenkou/200801/20080105343654.shtml。

政府对国家粮食后勤总署进行私有化后，其成为国家贸易企业，可参与市场运作并盈利，但仍然保留把补贴的大米分配给低收入消费者，以及需要时继续采购和售出大米以影响市场价格的功能。为了筹措足够的粮食储备，每年初印度尼西亚农业部预估当年大米需求和国内产量，然后会同贸易部和财政部拟定进口大米数额，由国家粮食后勤总署负责大米进口具体事宜。2007年国家粮食后勤总署储备大米300万吨，其中175万吨由国内生产，125万吨为进口。2008年受粮食危机影响，大米储备比上一年减少3万吨，但储备粮都是由国内生产。

第四，实行粮食价格保护。从1970年开始，印度尼西亚政府对大米价格实行最低价和最高价的价格保护政策，当大米市价低于基本价格时，政府就按照基本价格收购。如果市场价格接近最高价格，政府就抛售大米，以维持政府最高价格。进入21世纪以来，由于政府规定的大米收购价格过低，农民不愿把大米卖给国家粮食后勤总署，政府收购大米遭受较大阻力。2007年印度尼西亚总统提出增加大米产量200万吨的目标后，为刺激农民从事大米生产的积极性，增加大米产量和储备，3月印度尼西亚政府发布有关收购农民谷物价格的2007年第3号总统令，取代原有的2005年第13号总统令。新法令规定，从2007年4月1日起政府调高谷物收购价格，其中干谷价格升至2000印尼盾/千克，碾压干谷价格为2575印尼盾/千克，大米价格为4000印尼盾/千克[①]。2008年政府又两次提高大米收购价格，2009年1月，大米收购价格再次提高7%，为4600印尼盾/千克[②]。

第五，加强与国外合作。由于印度尼西亚农业科技的推广普及不足，粮食生产率比较低，因此印度尼西亚加强了与国外的农业合作，如与中国、菲律宾等国在水稻育种方面的合作。四川国豪种业有限公司杂交水稻种子在印度尼西亚已进行了3年的试验种植，先后在爪哇岛、苏门答腊岛、加里曼丹岛进行试种，都获得全面丰收。即使在印度尼西亚轻度盐碱化土地上进行种植，产量也有9～10吨/公顷，表明中国杂交水稻种子具有很好的抗逆性。据印度尼西亚《千岛日报》2015年7月15日的报道，为提高农产品出口，印度尼西亚政府拟扩大与印度、沙特阿拉伯、法国、埃及、新加坡等5国的农业合作。印度尼西亚农业部部长阿姆兰·苏莱曼分别与印度、沙特阿拉伯、法国、埃及、新加坡5个国家驻印度尼西亚大使签署合作协议，加强双方在农业领域的合作，提高

① 《印度尼西亚稻米生产消费概况》，引自中华人民共和国驻印度尼西亚大使馆经济商务参赞处网站，http://id.mofcom.gov.cn/article/ddgk/zwrenkou/200801/20080105343654.shtml。

② 吴崇伯：《当代印度尼西亚经济研究》，厦门大学出版社，2011，第16页。

印度尼西亚农产品出口量。其中，与印度签署的协议侧重农业研究领域合作；与沙特阿拉伯主要是开展关于食品安全的合作，以及棕榈油和大米等贸易；与埃及的协议是关于加强新鲜食品和大米的贸易；与法国的协议主要是关于法国企业在印度尼西亚马老奇开发25万公顷的粮食种植和加工园区；与新加坡的合作主要是提高果蔬贸易额。阿姆兰·苏莱曼深信，上述5个国家将是未来印度尼西亚的潜在市场，与这些国家进行农业合作，将进一步提振印度尼西亚农产品的出口[①]。

（三）印度尼西亚的粮食安全隐患

从“二战”后印度尼西亚粮食安全状况的演变看，印度尼西亚的粮食安全形势比较脆弱，其主要原因在于印度尼西亚经济增长和人口增长之间的差距。印度尼西亚是一个以穆斯林为主的国家，“二战”后人口出生率高居不下，1961—2013年人口增长率翻了三番，2013年人口接近2.5亿人。近几年印度尼西亚人口增长率有缓慢下降的趋势，从2008年的1.42%下降至2013年的1.33%，预计到2020年人口增长率将下降至1%左右。而“二战”后印度尼西亚的经济增长包括粮食增长速度呈现偏慢态势，2015年印度尼西亚人均国民生产总值仅有3400多美元，排世界第114位。2012年美国农业部估计，印度尼西亚大米增长率2009—2019年约为0.9%[②]。人均国民生产总值排名靠后说明印度尼西亚国民支付能力有限，而过高的人口基数和过高的人口增长率说明粮食需求不断增加，在这样一个人口多、经济比较不发达的国家，保障粮食安全只能靠粮食自给自足。但印度尼西亚国内粮食生产却尚未达到基本自给，这不得不说是印度尼西亚粮食安全的巨大隐患。

二、菲律宾的粮食安全

（一）菲律宾的粮食安全状况

菲律宾农村人口约占全国总人口的71%，从事农业生产的劳动力约占全国总劳动力的52.7%。20世纪70年代末菲律宾已耕地面积约为800万公顷，占全

① 引自中华人民共和国驻印度尼西亚大使馆经济商务参赞处网站。

② Katherine Baldwin, Nathan Childs, John Dyck, Jim Hansen: Southeast *Asia's Rice Surplus*, United States Department of Agriculture, p.10, p.14.

国土地总面积的26.8%，占可耕地面积的57.1%。水稻是菲律宾的主要粮食作物，全国有48%的农民种植水稻，70%的人口以大米为主食。菲律宾的水稻种植一半以上集中在吕宋岛，特别是集中在吕宋岛中部平原。那里水量充沛，土质肥沃，一向被称为菲律宾的“粮仓”。此外，吕宋岛北部的卡加延谷地、伊罗戈斯地区以及东南端的比科尔平原也种植水稻。玉米是菲律宾仅次于水稻的第二大粮食作物，全国约有25%的居民以玉米为主食[①]。长期的殖民统治造成了菲律宾农业经济的畸形发展，致使经济作物在农业中占有十分重要的地位，而粮食作物的生产则停滞不前，技术落后，长期不能自给。菲律宾自1946年独立以后，历届政府均致力于对单一的种植业结构进行调整，1961年菲律宾大米总产量为391万吨。20世纪60年代中期，菲律宾国际水稻研究所经过多年研究，将培育出的高产水稻品种放到当地试种，之后种植面积不断扩大，“绿色革命”由此展开，同时政府也从土地政策、财政预算等方面加大对粮食生产的扶持力度，菲律宾粮食生产获得强劲增长。1965—1980年，菲律宾农业年平均增长率达到了4.6%，与泰国并列东盟国家之首。此时，菲律宾农业在国内生产总值所占比重达到28.6%[②]。农业的发展给菲律宾的经济增长带来强劲动力，也使菲律宾粮食供需矛盾得到很大缓解，1976年基本实现了大米自给。

但在粮食实现基本自给后，菲律宾政府重新将发展重点放在工业化上，对农业的投入减少，加上绿色革命的边际效用，到20世纪90年代，菲律宾粮食安全又重新亮起红灯。1990—1999年的10年间，有5年大米生产量呈现下降态势，尤其是1998年大米生产量从1127万吨下降至855万吨，下降幅度高达24%（见图3-8）。1993—2012年，菲律宾大米进口量维持在100万吨以上[③]。美国农业部2019年12月的数据显示，菲律宾在2020年将保持作为世界第一大米进口国的地位，主要进口国为越南、泰国和柬埔寨。

2008年粮食危机给菲律宾带来巨大冲击。2007年菲律宾大米价格比较稳定，粗去壳大米批发价为2.09比索/千克，零售价为2.12比索/千克，到2008年粗去壳大米批发价上涨至12.94比索/千克，零售价为13.49比索/千克[④]，分别上

① 《以农业为主的经济》，引自中华人民共和国驻菲律宾大使馆经济商务参赞处网站，http://ph.mofcom.gov.cn/article/ddgk/200302/20030200068522.shtml。

② 魏达志：《东盟十国经济发展史》，海天出版社，2010，第124页。

③ FAOSTAT。

④ Dvid Dawe, *The Rice Crisis: Marktets, Policies and Food Security*（Washington, D.C.: Earthscan, 2010）, P.124.

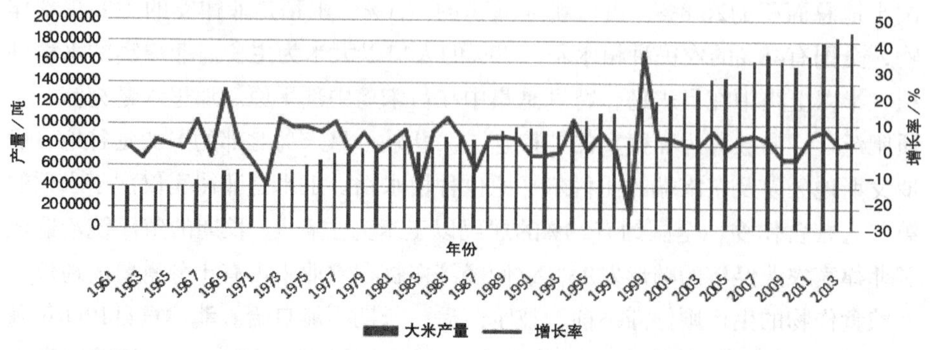

图3-8　1961—2013年菲律宾大米生产总量及增长率

数据来源：FAOSTAT。

涨了519%和536%。由于菲律宾农民种水稻积极性比较低，绝大多数菲律宾人日常消费的大米都需要从市场购买，根据世界银行的一项研究，84%的菲律宾人消费的大米需要从市场购买，其中城市比例为91%，农村比例为71%[①]。高涨的粮食价格大大增加了菲律宾人的生活成本，也助推了其他商品价格的飙升，进而引发社会动荡，数万民众上街游行示威，使菲律宾成为当时受影响最为严重的国家之一。为了帮助低收入群体渡过难关，菲律宾政府向首都马尼拉1/3最贫困家庭发放售粮券，用于低价购买政府补贴粮。政府还向20个贫困省约30万户最贫困家庭发放代金券，持代金券的家庭每月可从银行领取500比索（约合12美元），以缓解原油和粮食价格上涨给贫困家庭带来的压力。为了应对严峻危机，2008年3月，菲律宾总统阿罗约下令政府有关部门严惩囤积大米者，政府还加大大米进口力度，据菲律宾农业部部长黄严辉透露，经过努力，菲律宾已经签订160万吨大米订单，还将招标采购67.5万吨大米，这不仅能满足目前国内粮食需求，而且能调节大米库存储备。阿罗约总统还公布了一项总额为3300亿比索的经济复苏计划，其中440亿比索专门投入一项提升粮食产量的项目中[②]。2010年6月阿基诺三世就任菲律宾总统后，虽然提出了要实行粮食自给的目标，但其在任期间，菲律宾粮食生产状况并没有太大好转。据《商业镜报》2015年7月29日报道，阿基诺政府在发表的本届政府最后一次国情咨文中，大米自给、粮食安全、农业现代化和农产品走私等主要农业

① Dvid Dawe, *The Rice Crisis:Marktets, Policies and Food Security* (Washington, D.C. : Earthscan, 2010), P.135.

② 同上书，第133页。

问题都没有被提及。据菲律宾农民组织Sinag调查，2014年菲律宾农业对GDP的贡献率仅为0.2%[①]。从联合国粮农组织的另一指标人口营养不良率来看，自1990以来，菲律宾人口营养不良率降低了17.9%，但至2015年该指数仍高居13.5%（见图3-9），2015年联合国粮农组织估计，到2016年菲律宾或将有1370万人营养不良。据菲律宾《商业世界报》2016年7月4日报道，菲律宾民间调查机构社会气象站3月30日至4月2日针对1500名受访者进行的民调显示，2016年一季度菲律宾13.7%的家庭至少有过一次非自愿挨饿经历（“饥饿指数”）。这一比例较上一季度上升了2个百分点，较2015年同期上升0.2个百分点。值得一提的是，2.1%的家庭表示经常或总是挨饿，处于严重缺少食物的状态中。棉兰老岛地区的挨饿情况较上一季度大幅恶化，从13%上升到19%，首都地区则从17%降至14%[②]。

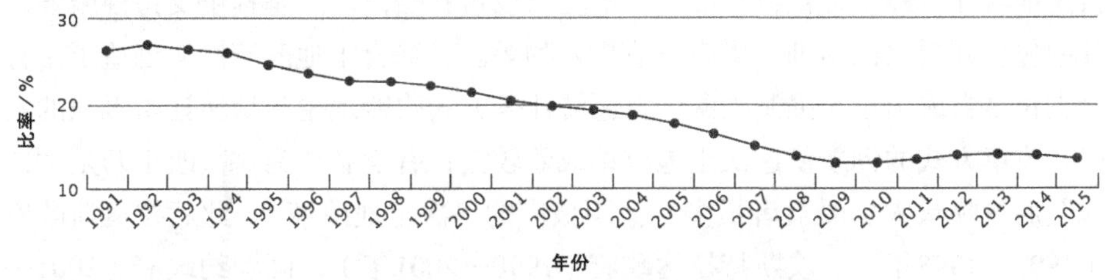

图3-9　1991—2015年菲律宾人口营养不良率

数据来源：FAOSTAT。

（二）菲律宾的粮食安全政策

独立以来，粮食安全问题一直是悬在菲律宾头上的达摩克利斯之剑，菲律宾历届政府均出台各种政策与措施试图解决这一问题，这主要包括：

第一，进行土地改革，解决农村土地问题。菲律宾土地问题可以追溯到西班牙殖民的影响，西班牙在菲律宾推行单一种植制的大庄园，经营经济作物，导致菲律宾的土地高度集中到少数地主手中，这是“二战”后菲律宾与许多发展中国家的不同之处。菲律宾历届政府都进行过土地改革，但由于种种原因，土地改革进程缓慢，至今仍未完成。1955年麦格赛赛政府颁布了菲律宾历史上第一部土地改革法，开始了土地改革历程。该法律将土地改革的范围

① 《菲律宾农业被遗忘的行业》，引自中华人民共和国驻菲律宾大使馆经济商务参赞处网站，http://ph.mofcom.gov.cn/article/jmxw/201507/20150701064962.shtml。

② 《菲律宾2016年1季度“饥饿指数”上升》，引自中华人民共和国驻菲律宾大使馆经济商务参赞处网站，http://ph.mofcom.gov.cn/article/jmxw/201607/20160701352455.shtml。

限定在个人拥有的地块必须在300公顷以上，法人拥有的地块必须在600公顷以上，因此未能打破大庄园制度。1971年马科斯以总统法令形式颁布土地革命法并以军管制度将土改范围扩大至全国土地，这次土地改革的主要内容是通过定额租将佃农转变为自耕农，佃农转变为自由人，地主保留土地降为3公顷。军管制度的实施使土地改革推行具有一定的强制性，因此推行较为顺利。这次土地改革政策与同时进行的绿色革命在极大程度上解决了国内粮食自给问题。但出身大地主阶级的马科斯本人改革决心并不彻底，土地改革造成的贫困问题也不容忽视，改革后农村基层组织仍为地主所把持。1988年阿基诺政府颁布了《综合土地改革法》，将全国所有土地都纳入土地改革范围，主要涉及两个方面的内容：一是完善土地使用权，通过政府出资强制性购买地主的土地分配给农民，同时农民也可以购买自己的土地，其中包括公有土地和森林；允许不进行土地转让；经土地银行批准后，地主可以得到赔偿。二是提供支持性服务，其中包括开展农民培训、供应农业投入物等。《综合土地改革法》创造了用直接支付、自愿出售、强制收购、自愿转让等方式收购地主土地转让给无地的农民，改革方式的创新使这次土地改革成效较大，有学者认为这次改革乃是“二战”后规模最大、受益者最多、范围最广的一次土地改革[①]。此后拉莫斯政府（1992—1998年）、埃斯特拉达政府（1998—2001年）、阿罗约政府（2001—2010年）和阿基诺三世政府（2010—2016年）都在继续实施《综合土地改革法》，除拉莫斯政府的土地改革取得一定成效外，其余结果皆不理想。纵观菲律宾独立以来的土改历程，不难发现，在缺乏保障农民收入措施的情况下仅靠土地的私有化和市场化运作并不能彻底解决土地问题。就如菲律宾大学社会学教授戈尔登·贝罗所分析的：“对很多农民来说，这些类土地的改革，令一些农民确实得到了土地，他们立刻就把土地卖掉，又卖回给原来的地主，因为他们没有什么经济上的支持，来保证他们能够很好利用这些土地，给他们带来利益。所以私有化并不是解决方案。”[②]土地改革没有从根本上触动传统土地关系，使得农业生产无法释放出应有活力，不仅挫伤了农民的积极性，还成为国家动荡不安和粮食安全的隐患。

第二，加大对农业的投入。自20世纪90年代以来，菲律宾政府积极调整农业政策，加大了对农业的投入，对粮食安全也给予了更多的关注。1993年拉

---

① Manoshi Mitra Das, “Agrarian Reform: Lessons from the Philippines,” *Economic and Political Weekly* 43, No. 26 /27 (2008): 32—34.

② 亮棹:《菲律宾至今土改尚未成功》,《西部时报》2008年10月31日第4版。

莫斯政府制订了“中期农业发展计划”，计划把重点发展的谷物种植地区由36个省扩大到62个省，把水稻种植面积扩大到550万公顷。1998年埃斯特拉达政府颁布《农业与渔业现代化法案》执行规则和条例，预计在7年内提供1200亿比索的资金，埃斯特拉达总统还分批发行了500亿比索的债券用于农业现代化建设。阿罗约执政期间，颁布了《农业-土改信贷法》以强化信贷对农业的支持，《农业-土改信贷法》规定银行必须将其信贷总额的25%投向农业，其中15%用于农业生产者，10%用于土改受益者，否则将被处罚[①]。阿基诺三世上任后提出实现粮食自给目标，2012年菲律宾农业部推出“全国粮食自给计划”，该计划包括三个方面的政策措施：一是生产支持，对水稻生产有关的环节如灌溉、优质种子、产后设施等给予大力支持；二是政策支持，推进大米市场改革，加大对农民的信贷和保险支持力度；三是加强粮食管理，提倡节约，减少浪费，积极引导可替代消费如甘薯、香蕉、玉米和木薯等。2013年菲律宾将农业的预算增加19.9%，为736亿比索，主要用于修缮灌溉系统，为农民提供信贷，建设乡村道路，增加产后设施等，以提高大力扩大水稻、玉米、椰子和渔业生产及自给水平。从总体上看，虽然菲律宾政府出台了许多加强农业及粮食生产的措施，加大了对农业的投入，但其成效却不明显，主要原因在于菲律宾的经济发展模式受美国影响大，崇尚美国完全自由市场经济，对农业的投入也是如此，导致农业各产业分配不均衡。菲律宾粮食生产率较低，投入高而利润少，因此大量资金流入效益更高的经济作物产业，粮食生产成为被忽略的行业，唯有粮食危机爆发，政府才会真正重视粮食生产，以致菲律宾粮食自给和粮荒的情况频繁交替出现。

第三，成立管理流通粮食的专门机构。菲律宾对粮食进行管理的主要机构为1950年成立的国家粮食总署（NFA），原隶属于农业部，埃斯特拉达总统上台后下令把国家粮食总署置于总统办公室下，直接向总统汇报工作。国家粮食总署的主要职能是：粮食价格管理、粮食进口管理、国家粮食储备管理。为履行这些职能，国家粮食总署在全国79个省中每个省都设立1个办事处，在一些大省设立2个办事处，总计设立办事处89个，形成一个粮食管理网络。①粮食价格管理。粮食价格管理主要包括价格保护政策和价格稳定政策。国家粮食总署的一项主要职能就是以农场征购价格收购农民粮食，收购

① 韦红、窦永生：《菲律宾城市化进程中粮食安全问题及其应对措施评析》，《社会主义研究》2012年第5期，第135页。

量一般约占农民生产量的10%，这是出于对稻农利益的保护而给出的最低价格保护。大米最高零售限价主要是为了维护大米市场的稳定，保障国内居民的基本生活消费。②粮食进口管理。主要措施包括进口配额和关税保护。菲律宾进口大米的权力完全赋予国家粮食总署；但把一定数额分配给私营企业。由于菲律宾国内粮食生产成本较高，菲律宾对进口粮食产品征收了较高关税。从1960年到1986年前后，大米的名义保护率平均为8%，而玉米则更高，1970—1974年玉米的名义保护率为18%，1983—1986年为42%，1990年为63%[①]。高额的关税保护使得国内粮食价格与国际粮食价格出现巨大差额，导致粮食走私猖獗。据报道，2015年走私到菲律宾的农产品的市值达373亿比索，其中大米一项就达到210亿比索。为了打击粮食走私，据菲律宾《商业世界报》2016年5月19日报道，菲律宾新政府拟禁止私营企业进口大米，国家粮食总署将是唯一获准进口大米的机构[②]。根据价格传导机制，高粮价本应该会刺激菲律宾本国的粮农增加生产，但从菲律宾的粮食价格保护的运作看，实际并非如此。对粮食实行价格保护需要巨额资金，国家粮食总署的资金费用政府支付仅占8%，其余靠信贷，由政府做担保，最高担保额为200亿比索。近年来，政府支付资金在逐步减少。此外，菲律宾粮食生产零散分布于几个粮区，而这些地区基础设施不完善，缺乏粮食运输和储存设施，造成粮食生产者卖粮难，农民出售的价格远远低于中间商抛售的价格，而中间商投机取巧，导致农民种粮收入低，挫伤了农民的生产积极性，从而加剧国内的粮食安全问题。③国家粮食储备管理。1995年菲律宾发生了严重的大米危机，全国粮食储备只有3万吨，相当于1.5天的消费量。这引起了社会和政界的恐慌。1996年，菲律宾召开全国粮食会议，认真研究了国家粮食安全形势并做出决议规定，全国最低粮食安全储备量相当于全国15天的粮食消费量，即33万吨；全国每年7月1日要达到国家最高粮食储备量，即相当于全国30天的粮食消费量。

（三）菲律宾的粮食安全隐患

纵观菲律宾独立以来粮食安全发展演变历史，可以发现菲律宾是东盟粮食净进口国中粮食安全最脆弱的国家，粮食安全形势不容乐观。主要原

---

① Ian Coxhead, "Consequences of a Food Security Strategy for Economic Welfare, Income Distribution and Land Degradation: The Philippine Case," *World Development* 28, No. 1 (2000): 112.

② 《菲律宾新政府将禁止私营领域进口大米》，引自中华人民共和国驻菲律宾大使馆经济商务参赞处网站，http://ph.mofcom.gov.cn/article/jmxw/201605/20160501322104.shtml。

因如下：

一是菲律宾粮食生产增速过缓，粮食自给率低。菲律宾农业生产水平长期徘徊不前，粮食产量不足。作为传统农业国家，政府在发展农业问题上无论是政策保证还是资金支持都显软弱，导致粮食生产链条运作不畅，粮食生产增速过慢。菲律宾谷物单位面积产量自1961年以来一直低于世界平均水平，到了2000年以后才开始有所缓和，2007年创历史最高纪录，达3319.8千克/公顷，差不多与世界平均水平持平，之后又开始落在世界平均水平之后，直到2011年才开始缓和。以稻谷为例，1961年菲律宾稻谷单位面积产量为1229.97千克/公顷，世界平均稻谷单位面积产量为1869.30千克/公顷，菲律宾与世界平均水平相差639.33千克/公顷；2014年菲律宾稻谷单位面积产量为4001.90千克/公顷，世界平均稻谷单位面积产量为4538.90千克/公顷，菲律宾与世界平均水平相差537.00千克/公顷（见图3-10）。

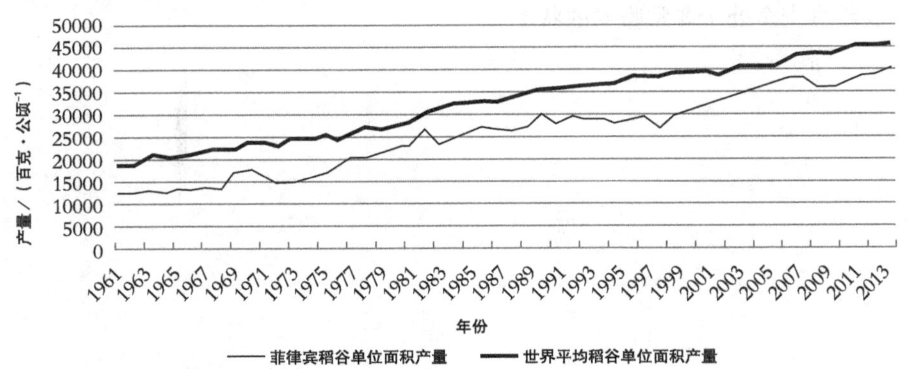

图3-10　1961—2014年菲律宾稻谷单位面积产量与世界平均稻谷单位面积产量

数据来源：FAOSTAT。

二是粮食储备不足。粮食储备是为保证非农业人口的粮食消费需求、调节国内不同地区粮食供应平衡、稳定粮食市场价格、应对重大自然灾害或其他突发事件而建立的一项物资储备。菲律宾的谷物储备量在1960年为37.6万吨，此后虽出现波动但基本上呈现不断增加的趋势，到2006年，达到历史最高纪录，为641.3万吨，之后呈现迅速下降的趋势，2012年降到317.6万吨，还不到历史最高纪录的一半。从粮食储备率来看，1960年所占比重为9%，1961年却降到7%，到1966年才达到19.5%，最高年份为2006年，达到30%，2012年再度下降到13.2%。这表明菲律宾的粮食储备远远不足以确保粮食安全。

三是人口增长和城市化过快。菲律宾2006—2011年的人口平均增长率为

1.71%，其中2011年的人口增长率超过2%，2012年人口已达9671万人，是仅次于印度尼西亚的东南亚第二人口大国。“二战”后伴随着菲律宾的工业化进程加快，其城市化水平也大幅提升，城镇人口迅速增长。20世纪60年代以来，菲律宾的城镇人口从30.3%上升到了90年代的54.2%。2010年菲律宾的城市人口占总人口的比例已达66.4%。联合国有关机构预测，到2020年，菲律宾的城镇人口将占到总人口的近3/4。2009年菲律宾农业人口为1204万人，2015年减少到1148万人。农业人口的减少使粮食生产受到影响，而城市人口的增加则使粮食需求扩大，这进一步加剧了菲律宾的粮食供需矛盾。人均粮食产量更能反映一个国家粮食生产满足人们消费需求的状况。菲律宾1963年人均粮食产量为180千克，2012年为265千克（最高年份），50年间仅增长47%。过快的城市化还带来了数量巨大的贫困人口，据统计，2015年菲律宾日收入不足1.25美元的贫困人口比例达到19%，这些贫困人口的食品开支往往占到家庭开支的50%以上，粮食安全处于非常脆弱的状态。

第四章

东盟粮食净出口国的粮食安全

在东盟十国中，泰国、越南、缅甸、柬埔寨、老挝都位于中南半岛，地理气候条件相近，土壤和气候都非常适宜种植水稻，因而粮食生产在这些国家的经济中都占有突出地位，它们都是粮食净出口国，其中泰国、越南、缅甸是世界大米市场的主要出口国，近年来柬埔寨大米出口量也在100万吨以上。

第一节　泰国的粮食安全

一、泰国的粮食安全状况

泰国地处中南半岛中部，大部分地区属于热带季风气候，土壤条件优越，非常适合水稻生长，自近代以来就是世界著名的“米仓”。从19世纪中叶开始，大米成为泰国（时称“暹罗”）主要出口商品之一，1850年前后，泰国水稻种植面积达580万莱，年产量为2320万担[①]，约合97万吨[②]。1855年泰国取消了向西方出口大米的禁令，极大地刺激了泰国商品化大米的生产。到20世纪上半叶，泰国水稻的种植和出口都有了很大发展，水稻种植面积1909年为920万莱，1939年增加到2120万莱；产量1909年为1476万担，1939年增加到2537万担[③]。“二战”期间，日泰签订攻守同盟条约，日本以日泰经济合作的

---

① 莱是暹罗的土地面积单位，1莱等于2.4亩；担是暹罗的重量单位，1担等于60千克。

② Lames C.Ineram, *Economic Change in Thailand*, *1850-1870*,Stanford:University Press, 1971,p.20.

③ Chatthio Nartsunha, *The Thai Village Economy in the Past*, Thailand:Silkworm Books Press, 1999,p.52.

名义对泰国进行经济掠夺，当时日本的三菱公司垄断了泰国的大米贸易。日本还强迫泰国削减水稻的种植面积，改种棉花、蓖麻、黄麻等经济作物以用作战争之需，泰国大米生产大为萎缩。1942年泰国发生罕见水灾，中部平原主要大米产区40%的稻田颗粒无收，导致大米价格飞涨，民怨沸腾。到战争结束时，泰国必须依靠配给制才能勉强维持大米供应。

"二战"结束以后，泰国重振大米生产业，在国内农业投入不足的情况下，主要通过扩大水稻种植面积的办法提高产量，根据泰国农业厅的数据，泰国水稻种植面积由1946年的5972.9万亩增加到1951年的8938.8万亩，增加了49.66%，大米产量由1946年的444.2万吨增加到732.5万吨，提高了65%[①]。1953年，大米出口占泰国总出口值的65%[②]。由于泰国对大米生产依赖严重，甚至有人把当时的泰国称为"纯粹的稻作国家"。在实行"进口替代"战略时期（1954—1971年），与其他东盟国家以忽视或者牺牲农业代价发展工业不同，泰国的工业发展是建立在以农养工基础上的，政府对农业的投入持续保持在14%左右，1966年还专门成立了农业和农村合作银行为农业生产和农产品流通提供贷款。在政府的有力支持下，泰国粮食生产稳步提高，水稻种植面积由1960—1961年度的3861.9万莱上升为1970—1971年度的4684.0万莱，同期大米产量由947.5万吨上升为1375.0万吨，分别增加了21.3%和45.1%，不仅满足了人口增长带来的市场需求，还维持了占总产量30%的大米出口量[③]。在实行出口导向发展战略时期（1972—1981年），泰国继续推动农业的发展，1974—1975年先后颁布了《管制田租条例》和《土地改革法》以满足农民对土地的需求，同时还颁布了《农业贷款条例》和《农产品价格保护》，保证粮食生产的资金需求和稻农的利益。在政府扶持和国际需求的带动下，这一时期泰国大米生产发展迅速，产量由20世纪70年代初的1500万吨上升到80年代初的2000万吨，年出口量在400万～500万吨，泰国成为仅次于美国的世界第二大大米出口国。此外，在政府推动农业多种经营政策的主导下，泰国玉米和木薯的产量也迅速增加，玉米产量由70年代的200万吨增加到80年代的400万～500万吨，木薯由70年代的1000万吨上升到80年代的2000万吨，泰国成为世界最大木薯出口国，占世界市场总量的80%～90%[④]。80年代中期至90年代末，在泰国工业快

① 陈文等著：《战后东南亚政治与经济》，广西人民出版社，1992，第230页。

② David K.Wjatt, *Thailand:A Short History*, London:Yale University Press, 1984, p.192.

③ 覃主元等著：《战后东南亚经济史》，民族出版社，2007，第162页。

④ 同上书，第167页。

速发展的同时，粮食生产保持了基本稳定的局面。但由于工业化迅猛发展，农业占GDP比重下降到11%左右，大米出口额仅占总出口额的3.4%。主要原因是泰国以往粮食产量的提高主要依靠耕地面积扩大实现，泰国水稻单位面积产量增长一直很缓慢，1961—1984年每公顷平均亩产为185.4千克/公顷，1985—1999年为223.6千克/公顷。步入90年代，工业化进程和环境因素使耕地面积没有更大的突破，因而大米产量基本稳定。同时东南亚的越南、缅甸以及南亚的印度、巴基斯坦成为世界大米市场的后起之秀，尤其是越南大米出口量跃居世界第三，其廉价的大米对泰国构成不小的冲击。1990年由于泰国国内大米减产，大米出口额下降了36.4%，1994年正当泰国忙着打开日本大米市场时，越南趁机抢走了马来西亚大米进口份额，令泰国措手不及，当年大米在国内产量增加8%的同时出口却下降2.7%，1996年大米产量小幅增加，但出口却下降12.6%。越南、缅甸在中低等级大米市场上对泰国威胁较大，世界贸易组织有关农产品协议生效后，美国也成为泰国大米主要竞争对手。1997年亚洲金融危机对泰国产生巨大影响，与此同时，由于受厄尔尼诺现象的影响，东南亚地区遇到50年来最严重的干旱，农作物普遍歉收，粮食供应形势更加严峻，泰国22个府的64万公顷耕地出现了荒情，主要粮食作物玉米歉收，需进口100万吨玉米，以应付国内的饲料需求，这是泰国前所未有的进口数据，而泰国的金融危机仍未完全结束，泰铢的贬值导致饲料进口价格大幅上扬，这无疑使困境中的泰国经济雪上加霜。

2008年粮食危机期间，大米价格暴涨给泰国带来了机遇，也带来了挑战。2007年，世界市场大米价格上升107%，2008年上半年大米价格达到峰值，1月泰国高品质100%B级大米的出口价格是每吨385美元，4月9日已暴涨至每吨854美元[①]，5月22日，B级大米离岸价为每吨1000～1030美元[②]，比年初翻了一番多。大米价格的暴涨极大地促进了泰国大米出口，与越南、印度等国出台大米出口禁令不同，泰国政府在危机期间并没有限制大米的出口，2008年泰国大米出口达1018.67万吨，比2007年增长11.15%，出口值为610.87万美元，比2007年增长76.04%（见表4-1）。危机期间，沙马总理成立了一个直接向自己负责的国家大米委员会来负责粮食出口事务，由于菲律宾、马来西亚等国都对泰国大米增加了订单，而2008年泰国国内大米生产量小幅下滑，为了避免大

① 《米价每吨近1000美元，东南亚出现大米恐慌》，《第一财经日报》2008年4月21日。
② 《粮食危机雪上加霜：泰国大米减产缅甸出口变进口》，《国际商报》2008年5月27日。

米价格波动给稻农带来不利影响，2008年4—5月，泰国政府设立了每吨14000泰铢大米典当收购价，这几乎是当时的最高价，共收购大米393万吨，相当于2008年旱季收成的44.8%，到2008年10月，泰国大米库存增加到400万吨[①]。

表4-1 2006—2014年泰国大米生产和出口

年份	生产量／万吨	生产量增长率／%	出口量／万吨	出口量增长率／%	出口值／万美元	出口值增长率／%
2006	2964.18	−2.15	741.45	−1.25	257.72	10.72
2007	3209.94	8.29	916.52	23.61	347.00	34.65
2008	3165.06	−1.40	1018.67	11.15	610.87	76.04
2009	3211.60	1.47	859.49	−15.63	504.64	−17.39
2010	3440.90	7.14	890.57	3.62	530.12	5.05
2011	3612.83	5.00	1067.12	19.82	650.74	22.75
2012	3800.02	5.18	670.43	−37.17	463.22	−28.82
2013	3676.22	−3.26	678.78	1.25	442.95	− 4.38
2014	3262.02	−11.27	1096.90	61.59	—	—

数据来源：FAOSTAT。

2011年10月，英拉政府实施惠民政策，推出以高于世界市场50%左右的价格收购农民大米的典押政策，政府的大米典押政策无疑刺激了农民的生产积极性，推动其扩大种植面积。2010—2011年度泰国单季稻种植面积为6457.4万莱，大米收成约2574.3万吨，种植面积和大米产量分别较上年度增长12.31%和9.88%；多季稻种植面积为1610.2万莱，产量为1026.1万吨，同比分别提高5.77%和14.42%[②]，2011年出口世界市场的泰国大米总量为1067.12万吨，比上一年增加22.7%，在世界市场中所占份额高达30.70%。但是典押政策削弱了泰国大米在世界市场上的竞争力，2012年大米出口总量大幅下滑670.43万吨，降幅达到37.17%，世界市场占有率下降为17.75%，退居第三位。2012—2013年度泰国水稻种植面积为8041.7万莱，大米收成约3733.7万吨，同比分别下跌3.58%和2.01%。国内大米消费为1410.1万吨，同比上调0.70%。2013年出口

① Dvid Dawe, *The Rice Crisis:Marktets, Policies and Food Security* (Washington, D.C.: Earthscan, 2010), P.210.

② 《泰国大米出口重返王座之路》，中华人民共和国驻泰国大使馆经济商务参赞处网站。

的泰国大米总量为665.0万吨，世界市场占有率为18.26%，排名第三，出口额1390.0亿泰铢。与2012年相比，出口量和出口额继续下调，分别降低1.25%和2.78%[①]。2014年泰国新政府停止实施大米典押政策，虽然2014年大米产量比上一年下降11.27%，但大米出口量却大幅增加61.59%，达到1096.9万吨，重回大米出口第一大国宝座。2015年出口量为977.9万吨，排世界第二。

作为"世界谷仓"和大米出口大国，"二战"后泰国的粮食自给率一直保持在100%以上，但由于经济发展程度有限，工业化造成贫困人口增加，泰国营养不良人口的比率在1991年还高达34.60%，1999年下降到19.20%，2015年降至7.40%（见图4-1）。

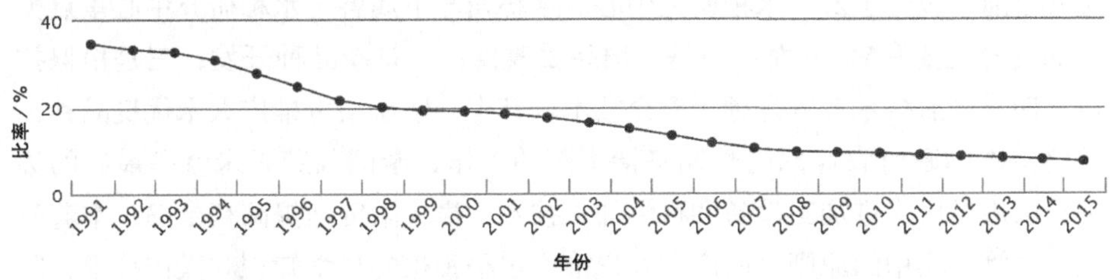

图4-1　1991—2015年泰国营养不良人口比率

数据来源：FAOSTAT。

二、泰国的粮食安全政策

作为大米出口大国，大米不仅是泰国人民的主食，而且也是主要出口创汇产品，因此泰国政府的粮食政策不仅旨在维护国家粮食安全，也是为了推动大米出口。这些政策和措施包括：

第一，泰国长期坚持农业优先的国民经济基础战略。在"二战"后开始的工业化进程中，泰国始终坚持农业优先，以农养工的政策，到1982年，泰国政府制定了以新兴农业工业化国家为目标的发展战略；1995年，泰国政府大力发展农业机械化生产和推动农业新技术的应用；2000年，泰国政府开始实施提高生产率、增加农产品附加值、增强出口竞争能力的重点扶持战略。在农业优先发展战略的主导下，泰国的农业基础设施建设和农业科技发展都走在东盟国

① 《泰国大米出口重返王座之路》，中华人民共和国驻泰国大使馆经济商务参赞处网站。

家前列。20世纪60年代以来，泰国政府累计投入数千亿泰铢推动农业基础设施建设，其中优先发展农田水利和乡村交通。泰国的农田水利和乡村交通在东盟国家中应该说是比较好的，并为农业生产、农产品运输流通发挥了十分积极的作用。为了加强水稻产业管理，泰国农业部把水稻产业的管理职能单独划出，设立水稻司来管理水稻产业，下设生产开发处、科技管理处、政策战略处、种子处、品种改良推广处、行政管理处，主管全国水稻技术研究、生产规划、项目预算、种子繁殖、产品加工、种质基因利用、米业贸易和国际合作。

第二，在农业科技方面，坚持以先进农业科技支撑和促进大米生产。水稻研究中心直属水稻司，水稻司把若干生态相似的府划为一个研究区域，在全国76个府中设立了27个水稻研究中心。水稻司与下属各个水稻研究中心重点关注的内容主要有5个方面：一是水稻品质改良；二是新品种开发；三是植保技术；四是产后技术；五是种子繁育技术。其中，坚持培育推广大米优良品种，始终是泰国政府农业部门长期坚持不懈的工作，泰国茉莉香米就是最好的佐证；引进推广先进加工设备和科学加工技术，最大限度地提高精米率；本着简便、经济、实用的原则，向广大农户推广水稻种植的科学知识和操作技术；制定严格的大米质量标准。泰国大米质量标准是目前世界上所有大米生产国标准中最为规范和详尽的，并对泰国大米的出口质量起到了很好的保护作用。

第三，善于利用各种价格杠杆管理粮食生产与流通。①贴价制度。1954年，为了实行以农补工增加工业投入，政府对大米出口实行贴价制度，即对大米出口征收三项税收：贴价、出口税、储备税。贴价是对大米出口征收的一种特别税，金额根据大米出口等级的不同来征收；储备税是出口商根据出口数量按一定比例低价出售大米给国家作为储备。1954—1964年，贴价、出口税和储备税一起占大米出口价格的40%～50%，成为当时国家财政收入的重要来源。1956年来自贴价制的收入占政府总收入的17%，后来随着泰国工业发展和政府财源拓宽，贴价收入逐渐下降，1974年政府将贴价收入移交给农民援助基金组织管理和使用，1986年出口税被取消。②典押制度。1981—1982年开始制定，起初该制度的宗旨在于为那些希望延期出售粮食的农民提供一种软贷款，到2001—2002年，该制度的目标变为维持粮食价格和增加农民收入。该制度的主要内容是在大米收获季节，农民可以将所收获的未碾磨稻谷作为典押品向泰国农业与农村合作社银行申请贷款。在收获季节到来之前，政府会预估一个市场价格作为贷款价格，农民获得的贷款金额要小于典押总价（政府预先制定贷款价格与农民抵押稻谷数量的乘积），典押期限一般为5～7个月，在21世纪初调整为3个月。在典押期限内，如果市场价格高于贷款价格，农民能以贷款价加上较低的贷款利息（3%）将典押稻谷赎回，在市场上自由出售。反之，如果市场价格始终低于贷款价格，农民可以不必赎回，直到典押期限结束，政府完全获得典押稻谷的所有权，农民免除此前的贷款负债。典押稻谷的储存分两种：一种是家里有储存条件的农民可以将典押的稻谷以谷仓典押的方式储存在自己的农场中；另一种是家里没有储存条件的农民需将典押的稻谷交给公共仓储组织和农业与合作社部的农民市场组织共同管理的下属机构来储存。2005—2006年，他信政府对典押制度做了重大修订：一是提升了农民典押贷款的比例，由原来小于典押总价变为等于典押总价；二是将政府预先制定的贷款价格提高到市场价格的120%～130%，这使稻谷典押计划逐步变成价格支持政策，成为一种变相的核心补贴政策。在这种情况下，农户直接将稻谷出售给政府。2006年9月，素拉育上任后，将典押价格下调8.5%～12%[①]。2011年10月，英拉政府继续实施大米典押政策，并大幅度提高典押价格，其中精米收购价为15000泰铢/吨，高于市场价格近50%。美国农业部2013年粮食报告数据显示，2012年10月1日至2013年2月28日泰国政府共收购1070万吨大米（640万吨精米、370万吨香米、60万吨糯米），同期增长60%，农业与农村合作社银行提供了价值约为1360亿泰铢的贷款（同期增长38%），政府财政支出（含人力资本、运输及去壳成本等）达到1970亿泰铢。英拉政府的初衷是将全国出产的大米以高于世界市场50%左右的价格集中到政府手中，对内可取悦农民，对外可刺激市场推升世界市场米价，然后再高价卖出。但事与愿违，全球大米产量不断升高，泰国大米无法绝对垄断市场，印度、越南等国趁机以低价抢占泰国大米的市场份额，导致泰国国内大米库存积压，政府财政吃紧，部分库存质量下降，不得不削价出售，最终造成巨额亏损。根据泰国财政部的数据，2011—2012年实施的大米收购政策共造成1360亿泰铢（约44亿美元）的财政损失[②]。2014年政府停止实施大米典押政策。③价格保险制度。2009年10月1日由阿皮实政府实施。该政策提出了大米的三种价格：市场价格、基准价格、收入保险价格。市场价格是指由国内市场上大米供求情况决定的价格；基准价格是指政府的最低收购价，

① Dvid Dawe, *The Rice Crisis:Marktets, Policies and Food Security* (Washington, D.C.: Earthscan, 2010), pp.192—194.

② 龚锡强：《尴尬的泰国大米收购政策给我们什么启示》，《中国粮食经济》2013年第10期。

由商务部下属的基准价格测定委员会参考曼谷过去15天的平均历史零售价格来决定，并在每月的1日和16日公布；收入保险价格是指由政府预先制定、能够保证农民实现30%～40%利润的价格。不同大米品种有不同的补偿指导线。当基准价格低于收入保险价格时，农民可以获得直接的差价补偿，这样政府就不再直接干预市场的大米交易，节省了操作、储藏等成本，并尊重市场对价格的主导性。但补偿额度并非无限度增长，如对精米的生产农户来说，最高可对每户补偿25吨，但补偿额不能超过29850泰铢，补偿款直接汇入农户在农业与农村合作社银行的账户[①]。

三、泰国的粮食安全隐患

"二战"以来泰国粮食自给率都在100%以上，而且随着国内经济的发展，贫困人口也大幅度减少，因而从短期看粮食安全风险系数较小。从长期看，粮食安全隐患在于：一是工业化对粮食生产的冲击。泰国在东南亚属于经济发展水平较高的国家，工业化在整个国民经济中的比重不断上升，工业化的发展不仅会对粮食生产的资源（耕地与水）与环境造成冲击，也吸引大量的农业人口来到城市。随着社会的发展和观念的逐渐改变，许多泰国年轻农民不愿意再同泥土打交道，而是选择远走高飞，远离农田。泰国政府的相关数据显示，泰国农民的平均年龄已从1985年的31岁上升到2010年的42岁，泰国水稻种植面临着后继乏人的窘境[②]。二是泰国水稻单位产量较低。因泰国的化肥、农药生产不足，生产用肥用药主要靠进口。使用化肥、农药必然增加种稻的生产成本。所以稻农基本不施化肥，不用农药，普遍采用传统农业自然生产方式，再加上泰国水稻生产机械化程度也不高，导致其单产水平比较低，低于世界平均水平。1961年泰国大米每公顷产量比世界平均水平低11.2%，2014年泰国大米每公顷产量比世界平均水平低33.7%（见图4-2）。

① 钟枉、陈博文、孙林、秦富：《泰国大米价格支持政策实践及启示》，《农业经济问题》（月刊）2014年第10期，第103—109页。

② 陶杰：《泰国米农面临后继乏人窘境》，引自中国经济网，http://intl.ce.cn/specials/zxgjzh/201207/10/t20120710_23475793.shtml。

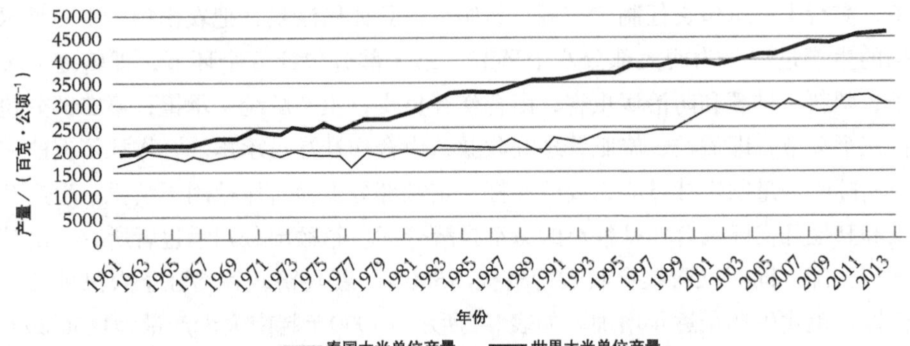

图4-2　1961—2013年泰国大米单位产量和世界大米单位产量

数据来源：FAOSTAT。

第二节　越南的粮食安全

一、越南的粮食安全状况

越南是传统农业国，地处热带和亚热带，日照充足，雨水充沛，农业种植条件优越，粮食作物以水稻为主。北部的红河平原和南部的九龙江平原地势平坦，土壤肥沃，是全国粮食主产区。1976年越南统一之后，实行高度集中的计划经济体制，农村推行合作社发展模式，强迫农民入社，土地由国家通过合作社统一管理，农民不能自主经营，同时要按统一指导价向国家定量出售农产品，生产积极性因而受到严重打击，国家粮食不能自给。据联合国粮农组织估计，1976—1980年，越南出现严重的缺粮问题，每年平均缺口为300万～400万吨。面对严重的粮食问题，越南当局不得不一再削减居民粮食供应量。抗美战争期间，北方城市居民每月向国家供应粮食15千克，1976年下降到13千克，1977年5月再降低到10千克。军队每年也只发9个月粮食，其余3个月自筹。粮食和副食品短缺，直接影响了人民尤其是儿童的健康。河内营养研究所所长表示："约300万名5岁以下儿童营养不良，其中9万名儿童严重缺乏营养，面临着死亡的危险。"[①]1979—1986年，越南实行新经济政策，对农业逐步进行改

① 覃主元等：《战后东南亚经济史》，民族出版社，2007，第359—360页。

革，实行生产承包责任制（三五承包制），具体做法是，把农作物，主要是水稻的生产过程分为两大部分八个环节。第一部分包括五个环节，即整地、种子、肥料、排灌和防治病虫害，由合作社负责，生产队统一承担；第二部分包括三个环节，即插秧、施肥管理和收获，由合作社社员承担。合作社依据前三造实际收获量制定社员应完成的指标。定额部分上缴合作社用于纳税、生产开支和其他开支以及合作社社员的劳动报酬分配。超额部分归承包者所有，由其自行支配。同时又将粮食收购价格提高500%。新经济政策增强了农民种粮积极性，粮食生产量逐年增加。如表4–2所示，1979年越南大米产量为1136.29万吨，1985年为1587.48万吨，增长了39.7%[①]。人均口粮从1981年的273千克增加到1985年的304千克，农业增长率从1976—1980年的1.9%上升到1980—1985年的4.9%，粮食紧张状况有所缓解[②]。但是，1985年进行了物价、工资、货币改革之后，国家经济混乱、物价上涨，特别是生产粮食所需的化肥、农药价格上涨，而国家收购粮食的价格相对下降，农民实际收入下降。1987年，农民纷纷退还承包田，致使粮食种植面积减少，引起粮食减产。为了改变农业生产停滞不前的局面，1988年4月，越共中央政治局颁发了关于改进农业生产承包的第10号决议。该决议提出要完善家庭承包责任制，家庭可以承包土地10～15年，承包定额指标每5年调整一次。随后，越南政府还放宽了粮食买卖限制，全面放开粮食市场，农民在完成公粮（粮食税）、合同订购粮任务以后，可以自由销售粮食。这些措施极大地调动了农民生产粮食的积极性，越南的水稻亩产量有了大幅度的提高，1989年大米产量达到1899.6万吨，比上一年增长12.56%，不仅实现了粮食自给，而且出口142万吨，从一个大米净进口国成为净出口国。

表4–2　1976—1998年越南大米生产及贸易量

年份	大米生产		大米出口		大米进口	
	生产量/万吨	增长率/%	出口量/万吨	增长率/%	进口量/万吨	增长率/%
1976	1182.72	—	0.56	—	14.77	—
1977	1059.71	–10.40	0.40	–28.57	19.70	33.38
1978	978.99	823.00	1.70	325.00	7.00	–64.47
1979	1136.29	–88.39	0.50	–70.59	25.00	257.14

① FAOSTAT。

② 覃主元等：《战后东南亚经济史》，民族出版社，2007，第367页。

（续表）

年份	大米生产		大米出口		大米进口	
	生产量／万吨	增长率／%	出口量／万吨	增长率／%	进口量／万吨	增长率／%
1980	1164.74	2.50	3.33	566.00	20.14	–19.44
1981	1241.52	6.59	0.90	–72.97	1.20	–94.04
1982	1439.02	15.91	1.70	88.89	19.70	1541.67
1983	1474.33	2.45	8.90	423.53	4.20	–78.68
1984	1550.56	5.17	8.30	–6.74	32.20	666.67
1985	1587.48	2.38	5.94	–28.91	33.61	4.38
1986	1600.29	0.81	13.20	123.7	48.25	43.56
1987	1510.26	–5.63	12.04	–9.09	32.25	–33.16
1988	1700.00	12.56	9.12	–24.25	19.95	–38.14
1989	1899.63	11.74	142.00	1457.00	5.51	–72.37
1990	1922.51	1.20	162.40	14.37	0.19	–96.55
1991	1962.19	2.06	103.30	–36.39	0.61	221.05
1992	2159.03	10.03	194.58	88.36	0.17	–72.44
1993	2283.66	5.77	172.20	–11.50	0.07	–55.88
1994	2352.83	3.03	198.30	15.16	0	–100.00
1995	2496.37	6.10	198.80	0.25	1.10	—
1996	2639.67	5.74	300.30	51.06	0	–100.00
1997	2752.39	4.27	357.48	19.04	0	—
1998	2914.55	5.89	373.00	4.34	0.13	—

数据来源：FAOSTAT。

在实现粮食自给后，越南政府继续进行农业改革，以促进粮食在满足国内需求的基础上扩大出口。进入21世纪后，工业化和城市化的发展使越南水稻种植面积减少，2000—2007年全国水稻种植面积共减少30万公顷，尤其是在越南的两大水稻主产区：红河三角洲和湄公河三角洲，前者减少了10.5万公顷，后者减少了6.2万公顷①。与此同时，越南大米的单位产量增加，由2000年的424.3千克/公顷增加到2007年的498.7千克/公顷，增长了17.5%。因此越南的大米年均产量在这一时期能够维持在3500万吨以上。2008年粮食危机也给越南

① Dvid Dawe, *The Rice Crisis:Marktets, Policies and Food Security*（Washington, D.C.: Earthscan, 2010）, P.221.

带来一定冲击，主要体现在大米价格的快速上涨上。2008年1月，越南出口大米的平均价格为389美元/吨，但到6月上涨至1005美元/吨。受世界市场影响，越南大米国内价格也飞速上涨，2008年5月底大米价格为11000越南盾/千克，而年初时仅6600越南盾/千克。大米价格的上涨引发了严重的投机行为，一些蔬菜商、咖啡商参与到大米贸易中，甚至一些渔民也卷入非法走私大米的活动中。大米价格的上涨引发了物价的上涨，给居民生活带来影响。为了保障国内供应，稳定物价，越南政府宣布将大米出口额度由450万～500万吨减少至350万～400万吨，并决定停止签署新的大米出口合同。越南总理还公布第612号条例，规范国内大米的购买和销售，打击大米的投机行为[①]。到2008年6月，越南大米价格逐渐下降。近年来，越南大米生产量维持在4300万吨以上，出口量居世界前列。

由于工业化起步晚，从总体上看越南经济发展程度较低，居民收入水平不高，存在大量贫困人口，1991年越南营养不良人口比率高达45.6%，2007年下降到17.8%，但全国仍有6.7%的缺粮户（农村地区达8.7%），全国有约100万山区人口缺粮[②]。2010年全国营养不良人口比率为14.5%，首次下降至联合国粮农组织规定的安全线以下，2015年为11%（见图4-3）。

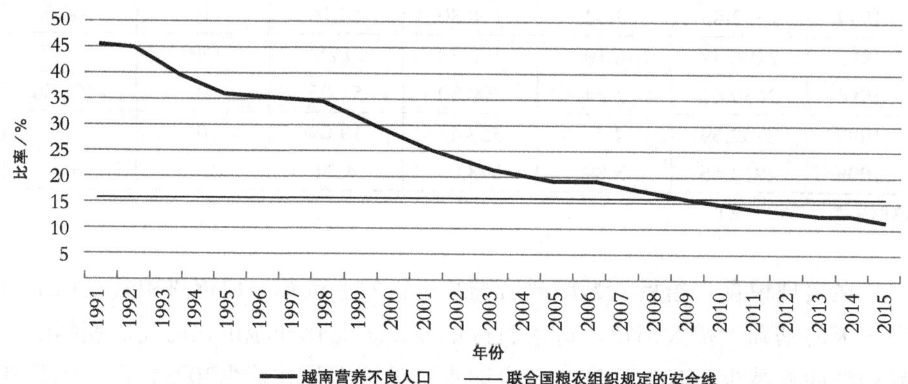

图4-3　1991—2015年越南营养不良人口比率（3年平均值）

数据来源：FAOSTAT。

① Dvid Dawe, *The Rice Crisis:Marktets, Policies and Food Security* (Washington, D.C.: Earthscan, 2010), P.224.

② 越南《经济时报》2月19日，转引自中华人民共和国驻越南大使馆经济参赞处网站，http://vn.mofcom.gov.cn/article/jmxw/200902/20090206054416.shtml，访问日期：2016年7月22日。

二、越南的粮食安全政策

越南是一个传统农业国家，经济发展程度有限，粮食安全只能依靠国内市场，因此提高粮食自给率对于保障粮食安全尤为重要，自20世纪80年代中期革新以来，越南在促进粮食生产，提高粮食自给率方面主要采取了以下措施：

第一，实行农业改革，极大地调动了农民的生产积极性。越南的土壤条件和气候条件都非常适合水稻生产，在法国殖民时期，河内与曼谷、仰光一道并称为世界三大米市。但是50年代实行土改以后，农业的集体化使得农业的劳动生产率下降，粮食生产也随之萎缩。80年代以后，越南政府开启了改革历程，总体来看，越南农业改革可分为两个阶段：一是1986—1996年，调整农业结构，理顺农民与政府的关系；二是1997年以后，加大农业改革力度，扩大农民自主权，鼓励农产品出口，履行加入世贸组织的承诺。第一阶段农业改革的主要目的是保障国内粮食供应，提高粮食自给率；第二阶段的主要目标是扩大粮食出口，增加农民收入。1981年1月13日，越南政府出台第100号决议，试点实施包产到户，但农民仍无自主权。1986年12月，越共六大做出决议，要发展多种成分共同参与的市场经济，这为推行农业改革奠定了基础。1988年4月5日，越共中央政治局出台第10号决议，改革农业管理模式，在全国范围内推行包产到户，农民可自主经营，只需按规定向国家纳税，土地承包期限由原来的2年延长至15年。1989年初，越南政府取消粮食和食品统购、统销制度，逐步放开价格，促进了市场自由流通。1989年9月10日，越南政府出台第64号决议，允许企业自行出口产品和进口生产所需原料，国家不再直接干预。价格和进出口制度的改革，为农产品扩大内销和出口提供了更多途径，促进了农产品的自由流通，使国家粮食安全得到保障。1993年7月，越南政府出台新土地法，从法律上确认农民长期拥有土地使用权并可进行变更、转让、出租、继承、抵押等。1996年，越南政府出台《合作社法》，规定合作社应由社员按自愿、平等、互利、民主的原则入股形成，按股比分享成果。合作社规模和生产领域不受限制，一家农户可加入多个合作社，也可按有关条例退社，社员自主权得到进一步加强。1996年11月12日，越南政府出台首部《外国投资法》，鼓励外资进入农业领域，有力推动了农业自由化进程，农业生产迎来崭新的局面。1997年以后越南政府继续加强农业自由化改革，着力扩大农民自主经营权。1998年7月，越南政府出台57/CP号决议，放开进出口经营权，企业可自营进出口，不必再向贸易部申请进出口经营权。1999年7月23日，越南财政部发出

91/1999/TT-BTC号通知，免除含农产品在内的主要商品出口税。2000年3月，越南政府出台03/2000/NQ-CP号决议，鼓励发展庄园经济，推动农业规模化生产，并给予增值税、所得税等税收优惠，扶持交通、电力、水利、加工基地等基础设施建设，为扩大农产品生产和出口创造了有利条件。

第二，保护耕地，保障人口增长对粮食的需求。越南是人多地少的国家，虽然耕地面积在全世界排名第60位，但人均耕地只有500米^2/人，是世界人均耕地最少的国家之一。而且，随着越南城镇化和工业化进程不断加快，农村地区大量耕地被征用和流失。据越通社《信息报》2011报道，越南全国约40万公顷农田已被征用，用于水利、新城镇、工业区和高尔夫球场等项目建设①。在越共中央十一届三中全会和第十三届国会第二次会上，越南领导人一再强调要确保全国耕地面积不少于380万公顷，并将这一目标列入未来5～10年全国土地使用规划，以保障粮食安全。

第三，对水稻种植提供财政和信贷支持。越南农业发展资金主要来源于国家财政、外资、银行信贷等三个方面。国家财政方面，2001—2005年，越南农业总投资为130万亿越南盾（约86.6亿美元），占同期社会总投资的13%，其中国家财政投资1.009万亿越南盾（约6726万美元），主要用于农业结构调整，提高生产效率。外资方面，截至2006年底，越南农业领域共吸收外商直接投资项目801个，合同总额约9.7亿美元。截至2005年底，越南农业领域共吸收ODA②贷款项目70个，贷款总额14.06亿美元。银行信贷方面，各商业银行、股份银行、基层信用基金等为农业发展提供了大量商业贷款和政策信贷。银行储蓄存款、期票、债券、银行再贷款等也是农业发展资金的重要来源③。据《越南新闻》英文版报道，2012年5月越南政府出台新政策对水稻种植提供补贴。政策包括以下几方面：一是从6月1日开始，除每年的固定补贴外，政府将对稻谷遭受自然灾害的农民进行额外补贴。若农民损失了70%以上的稻谷，政府将补贴其肥料和杀虫剂成本的70%，若损失30%～50%的稻谷，政府将补贴50%。二是政府将承担用于水稻种植的休耕地复耕费用和土地修整费用的

① 《越南力保耕地面积不低于380万公顷》，中华人民共和国驻越南大使馆经济商务参赞处网站，http://vn.mofcom.gov.cn/article/sqfb/201111/20111107818195.shtml，访问日期：2016年7月23日。

② Official Development Assistance，是指发达国家官方机构为促进发展中国家的经济发展水平和福利水平的提高向发展中国家或多边机构提供的赠款或优惠贷款。

③ 《越南农业改革和发展有关情况》，中华人民共和国驻越南大使馆经济商务参赞处网站，http://vn.mofcom.gov.cn/article/ztdy/200703/20070304454310.shtml，访问日期：2016年7月22日。

70%。三是政府将在休耕地复耕的第一年提供免费的水稻种子，在土地休整后第一年补贴70%的种子费用。四是规定对种植水稻的土地提供25美元/公顷的补贴，对种植其他谷物的土地（除梯田外）提供5美元/公顷的补贴[①]。

第四，平衡国内需求与出口之间的关系，必要时限制或者禁止出口。如前所述，越南粮食安全基本靠自给，只有在保障国内需求的前提下，越南政府才允许粮食出口。2004年6月，世界大米市场价格上涨带动越南国内大米价格上升，为保证粮食安全，稳定国内大米市场，越南贸易部决定对全年大米出口进行严格控制，保证全年大米出口量在350万吨内，而且所有大米经营企业必须向越南粮食协会登记大米出口合同。2008年粮食危机期间，为了稳定国内粮价，保障粮食安全，越南政府连续出台了关于出口粮食的政策，限制或者禁止粮食出口。

三、越南的粮食安全隐患

从粮食自给率和营养不良人口比率看，目前越南的粮食安全得到了基本保障，其隐患在于：一是经济发展程度不高，国际支付能力较弱，一旦国内出现粮食减产而无法实现粮食自给，则粮食安全风险性较大。二是粮食生产存在隐患。越南农业现代化程度不高，大米生产受自然灾害影响明显，产量波动较大。湄公河三角洲和九龙江平原的稻田土地盐碱化严重。2016年越南农业与农村发展部统计数据显示，九龙江平原仅16万公顷冬春稻受盐碱化影响损失就达5万亿越南盾（约合2.38亿美元），直接影响150万居民的生活。2016年3～4月海水倒灌造成耕地盐碱化日益加重，以上损失预计将扩大3～4倍。

① 《越南将对水稻种植提供补贴》，中华人民共和国驻越南大使馆经济商务参赞处网站，http://vn.mofcom.gov.cn/article/jmxw/201205/20120508127575.shtml，访问日期：2016年7月23日。

第三节　缅甸、柬埔寨、老挝的粮食安全

一、缅甸的粮食安全

（一）缅甸的粮食安全状况

缅甸独立前，属于英国殖民地。在英国统治下，缅甸的耕地面积、大米出口量增长很快。1885—1886年出口131.3万吨，1915—1916年上升到313.1万吨，成为世界上最大的大米输出国，被称为“亚洲米仓”。1948年缅甸独立，吴努政府在执政当年就通过了土地国有化政策，开始了土地改革进程，之后又连续颁布了几个土改法令。20世纪50年代的土改在一定程度上改善了殖民地时期遗留下来的极不公平的土地所有制，使19万农户分得了土地，促进了农业生产。但由于政府机构人力、物力不足，到1959年后土改实际上已经停止。为了推动国家的建设，吴努政府将农业尤其是大米的出口视为建设资金主要来源，但由于国内外局势等因素的制约，缅甸的大米产量只有“二战”前最高产量的90%。虽然这时世界第一大米出口国的地位还未被撼动，粮食安全问题也还没有提到议事日程上，但是随着国内动乱和分裂活动的加剧，粮食安全形势不容乐观。1962年奈温政府执政，在建立“缅甸式社会主义”的口号下实施了大规模土地国有化政策，在农村推行农业合作化政策，并且由国家垄断大米贸易，实行以低价向农民收购稻谷的政策。这些政策对粮食生产产生严重影响，农民的粮食生产积极性受到打击，导致粮食生产量下降，这个素有“世界米仓”之称的国度发生了严重粮荒，1967年春，缅甸国内出现大米紧缺，导致抢米风潮发生。城镇居民日粮不得不实行定量供应，据报道，1973年仰光居民每人每月配给大米4缅升（合10千克），1974年减少到只有15磅（合6.8千克）[①]。缅甸的大米出口锐减。1962年大米出口量为171.75万吨，1967年降为54万吨，1973年为14.5万吨，1988年仅有4.7万吨。1967年春，缅甸国内出现大米紧缺，导致抢米风潮发生。这一时期经济基本处于停滞状态，到1987年底被联合国宣布为世界上最不发达的国家之一。

1988年9月，军政府执政后，在稳定国内政局的同时对原有的经济体制进行改革，大力发展市场经济，经济得以恢复。水稻的种植关系到国家和民族的生存，所以军政府将发展水稻种植作为粮食生产的头等大事来考虑，对于粮食

① 陈清良：《缅甸农业的恢复与发展》，《现代国际关系》1983年第4期。

生产与流通采取了一系列改革措施。其中，1988—2003年的粮食改革主要措施包括减少大米的统购量，平均上交量从每公顷1.5～2.1吨减少到每公顷0.5～0.6吨，统购量占生产总量的比例也下降了近1/3；减少大米的出口量，以保障国内粮食价格在较低水平运行，减轻粮食安全压力。2003年以后，军政府进一步放宽了对粮食价格的限制，将市场机制引入粮食领域，实现了大米国内贸易的自由化。粮食生产与流通领域的改革措施的实行，使农民种稻的积极性提高，缅甸水稻种植面积和总产量稳步上升（见表4-3）。2008—2010年大米总产量维持在3257万吨以上，出口量自2011年以来维持在100万吨以上，2015年达到173.5万吨，缅甸成为世界第6大大米出口国。

表4-3　1996—2008年缅甸水稻种植面积、总产量及出口量

年份	种植面积／百万英亩	总产量／万吨	出口量／万吨
1996	14. 52	1767.9	11.5
1997	—	1665.1	2.8
1998	14. 23	1707.7	12.0
1999	—	2012.6	5.4
2000	—	2132.3	25.1
2001	15. 94	2191.6	100.9
2002	16. 03	2180.5	97.8
2003	16. 17	2314.6	46.8
2004	16. 95	2493.9	18.2
2005	18. 26	2768.3	21.3
2006	20. 08	3092.4	30.6
2007	—	3145.1	36.1
2008	—	3257.2	68.5

数据来源：种植面积根据中华人民共和国驻缅甸大使馆经济商务参赞处网站资料汇总。总产量及出口量根据FAOSTAT数据汇总。

（二）缅甸的粮食安全政策

缅甸作为一个农业国家，大米不仅是人民的主食，也是推动经济发展的主要动力。但是独立以后经济政策的失误使得缅甸由一个大米出口大国变成了粮食不能自给的国家。1988年逐渐开放市场以后，缅甸政府在扩大粮食生产，保障粮食安全方面采取了以下措施：

第一，改革粮食生产和流通体制，提高农民种粮的积极性。独立以后缅甸政府关于土地国有化和国家垄断大米贸易的措施大大挫伤了农民的积极性，1988年以后，缅甸政府逐渐放开了缅甸这些限制。第一步改革农业生产体制，对土地政策进行了调整，1988年以来缅甸政府颁布了系列法规，放宽了准入条件，鼓励农民利用空地、闲地、荒地从事种植、养殖业及相关产业。通过20多年来对土地政策的调整，缅甸粮食种植面积不断扩大。第二步开放国内市场。2004年4月，缅甸政府取消了实行多年的国家对大米的统购政策，颁布了大米自由交易法令，政府不再直接从农户手中征购稻谷。除政府机构外，缅甸国民均可从事稻谷和大米交易，交易价将随行就市，但不允许任何人或者任何单位垄断经营。为了解决国家工薪阶层的吃粮问题，法令规定商人须将其按市场价从农户手中购买的稻谷的10%按原价卖给政府。由于担心放开大米出口会使国内大米价格上涨影响政局稳定，因此大米的出口仍由政府控制。第三步开放世界市场。随着缅甸国内粮食生产的恢复与发展，2004年以后政府逐渐放开了对大米出口的限制，尤其是2008年底在世界金融危机影响下，缅甸国内大米市场萧条，为了促进大米出口，12月缅甸政府宣布放开大米出口许可，任何人都可以申请大米出口许可证。但允许大米出口产地仅限于伊洛瓦底省、勃固省和实皆省。进入仰光后将经过4个关卡严格进行检查，大米出口许可证申请必须按照有关规定提供原产地等必要的证明[①]。2010年11月，民主选举的新政府上台后，进一步放松了对大米出口的限制，并在2011年8月至2012年2月期间免除了大米出口税，以推动大米的出口。

第二，加强粮食储备管理。1989年缅甸成立缅甸农产品贸易公司，隶属于商务部。该公司的主要职能之一是管理国家粮食储备。该公司和地区分部做出各地区粮食需求的估算，在此基础上再制订全国总需求计划和储备计划。除了政府储备外，缅甸政府还动员社会力量加强粮食储备。2012年缅甸国内市场大米价格下跌，为了减少农民的损失，缅甸政府决定采用由政府和私营企业各出资一半的方法收购50万吨储备粮。2015年9月，缅甸政府又出台规定，大米出口需预留出口总量的2%作为应对自然灾害的储备粮，大米储备地点需由公司负责人签字确认并与出口申请一并递交审批部门备案，储备粮存放期限为6个月更换1次，政府在需要时按市价收购储备粮，商务部组织专门人员每月一

① 《缅甸放开大米出口政策》，中华人民共和国驻缅甸大使馆经济商务参赞处网站，http://mm.mofcom.gov.cn/article/ddfg/200812/20081205955120.shtml，访问日期：2016年7月24日。

次对储备粮储存情况进行巡查[①]。

第三，开放资本市场，引进外国资本。缅甸具有得天独厚的种植水稻的天然条件，由于受到资本、技术条件的约束，缅甸水稻种植水平不高。2010年新政府上台后，放开了农业投资市场，积极引进外资，发展水稻种植业。2011年9月，缅甸计划发展部部长吴丁乃登表示，只要不对环境和当地群众造成损害，将允许外国私营业主投资开发缅甸农业。另据缅甸《市场》杂志报道，缅甸公民在国内农业项目上的投资总额为5.479亿缅币，农业项目外资为1.731亿美元。据悉，农业项目投资主要集中在大米行业，全国有60家大米行业特许公司[②]。此外，世界银行在曼德勒、勃固东部及实皆省也开展农业发展项目，以保障缅甸粮食供给。

第四，干预大米出口，保障粮食供给。2004年之前，缅甸对大米实行统购统销政策，大米出口由政府垄断。2004年以来，缅甸政府逐渐放开粮食市场，实现了大米贸易的自由化，但是一旦国内粮食供应局势出现波动，政府仍会采取干预大米出口的措施。大米出口只能在满足国内需求的前提下进行。2008年缅甸遭强热带风暴袭击后，为了稳定国内市场大米价格，缅甸政府暂停了大米出口。直到2008年10月底雨季稻上市后，国内市场有了剩余，才开始允许大米出口。2015年遭遇洪灾以后，缅甸政府于8月7日暂停了大米出口，然后根据国内生产及市场情况，于9月15日恢复了大米出口。

（三）缅甸粮食安全存在的问题

按照缅甸官方的数据统计，2007年缅甸的粮食自给率达到152%，缅甸农业灌溉部部长也表示，缅甸出产的粮食可以实现自给，缅甸没有粮食安全问题。从人口营养不良比率看，1991年缅甸的人口营养不良比率高达62.6%，之后逐年下降，2014年首次下降到联合国的标准以下，2015年为14.2%[③]。虽然从粮食自给率和人口营养不良比率看，缅甸的粮食安全已经达标。但笔者认为这其中还存在非常大的不确定性，主要原因在于：一是缅甸从粮食生产到粮食

① 《缅甸规定出口大米需预留2%作为自然灾害储备粮》，中华人民共和国驻缅甸大使馆经济商务参赞处网站，http://mm.mofcom.gov.cn/article/ddfg/201509/20150901120303.shtml，访问日期：2016年7月24日。

② 《缅甸农业项目外资多于国民投资》，中华人民共和国驻缅甸大使馆经济商务参赞处网站，http://mm.mofcom.gov.cn/article/jmxw/201109/20110907757947.shtml，访问日期：2016年7月24日。

③ FAOSTAT。

加工和流通都存在问题。从粮食生产方面看，粮食生产水平较低，2014年缅甸水稻单位面积产量是389.15千克/公顷，比世界平均产量少64.74千克/公顷，比东南亚地区平均产量少41.35千克/公顷（见图4-4）。农业基础设施不完善，化肥农药缺乏，粮食生产率低，几乎处在靠天吃饭的状况。一旦发生水旱及虫灾，都会对大米生产造成巨大影响。从粮食加工看，缅甸缺乏现代化粮食加工设备，粮食加工能力不足，大米的破碎率高，影响了缅甸大米的出口。从粮食流通看，缅甸交通运输落后，许多边远地区的粮食无法运出，而且粮食储存能力不足，一些边界口岸甚至没有大米储存。二是作为世界最不发达的国家之一，缅甸每个家庭食品消费占其收入（居民的恩格尔系数）的比重高达72%，这个数据高于越南、柬埔寨和老挝。由于缺少动物蛋白的摄入，缅甸居民对粮食和谷物有较高依赖，平均每人每年消耗粮食达200千克。另外，还有30%的人口处在世界银行划定的贫困线以下，无法满足基本的食品与非食品需求。对于这些贫困人口而言，粮食价格上涨及其引发的通货膨胀都是无法承受的。

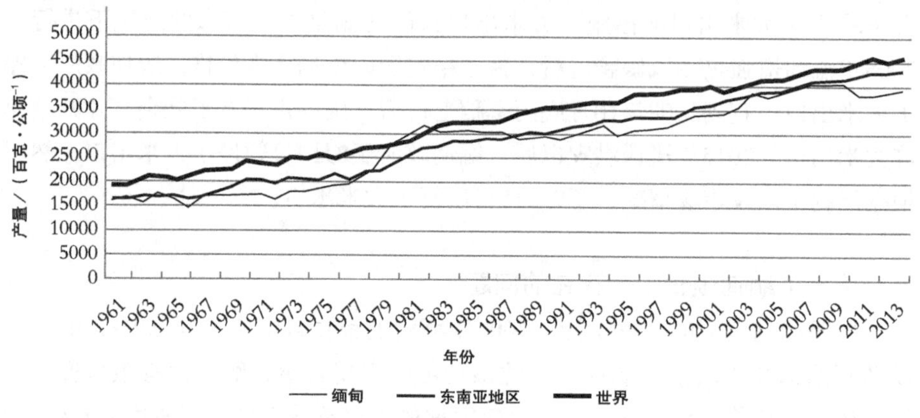

图4-4　1961—2014年缅甸水稻单位面积产量之比较

数据来源：FAOSTAT。

二、柬埔寨的粮食安全

（一）柬埔寨的粮食安全状况

柬埔寨位于中南半岛东南部，属热带季风气候国家，雨量充沛，终年如夏。国土面积18.1万平方公里，其中平原占46%，是柬埔寨主要产粮区，土壤肥沃，水源充沛。洞里萨湖和湄公河畔一度是东南亚地区著名的鱼米之乡。柬埔寨地广人稀，在东盟国家中属于人口密度小的国度。

1863年在法国殖民者入侵柬埔寨之前，柬埔寨是一个自给自足的封闭国家，法国殖民者入侵后，把柬埔寨变成了原料产地和商品倾销市场，橡胶和水稻是两种主要作物，也是柬埔寨主要出口商品。1904年柬埔寨水稻种植面积为30万公顷，到1927年增加到90万公顷[①]。但在殖民者和封建地主的共同盘剥下，柬埔寨稻农过着食不果腹的生活，因为他们生产出来的粮食33.6%归中间商和放高利贷者，14.4%作为税收上交政府，5%归支付给米厂老板，21%是运费及其他杂费，留给稻农的仅有26%[②]。

1953年柬埔寨王国摆脱殖民统治宣告独立。西哈努克国王领导的政府推行了温和的恢复经济政策，粮食生产是政府重点关注的领域，通过土地改革、兴修水利、扩大种植面积、提供资金等方法，柬埔寨的粮食产量稳步增加。1949—1950年水稻种植面积是165.7万公顷，产量为157.6万吨；1959—1960年种植面积为215万公顷，产量为233.5万吨；1969—1970年种植面积为207.4万公顷，产量为301.6万吨[③]。1961—1968年共出口大米236.9万吨，平均每年出口29.6万吨。然而，1970—1975年越战期间，美国势力插手柬埔寨，策动朗诺·施里玛达集团政变，近百万人遭受战争伤害，成千上万的战区人口背井离乡，大片耕地荒芜，农业产量急剧下降，1974年大米产量为63.5万吨，仅为1970年产量的1/6。柬埔寨从粮食输出国变为粮食进口国，1970—1974年共进口大米38.1万吨。

1975年红色高棉建立的民主柬埔寨政府取消货币流通，废除私有财产，强制农民参加集体化农业生产，忽视工业和基础设施建设，僵化的体制加剧了经济生活的恶化，加上自然灾害的袭击，成千上万的人死于饥饿。1979年越南武装入侵柬埔寨，主要粮食产区沦为战场，粮食产量严重不足，20世纪80年代初期到中期每年缺少40万～50万吨粮食，不得不依靠国际援助，主要依靠苏联、越南的粮食供给。当时韩桑林政府依赖外援建立社会保障体系，向军人、国家公务员、老人、孤儿等实行粮食配给。随着苏联解体，原有外援中断，柬埔寨社会保障体系随之崩溃，粮食安全问题再次凸现。90年代初旱涝灾害使柬埔寨再一次出现粮食短缺，1993—1994年粮食缺口仍为20万～30万吨大米[④]。

1993年在联合国的主持和监督下，柬埔寨成功举行大选，结束了持续多

① 覃主元等:《战后东南亚经济史》, 民族出版社, 2007, 第512页。
② 覃主元等:《战后东南亚经济史》, 民族出版社, 2007, 第512页。
③ 覃主元等:《战后东南亚经济史》, 民族出版社, 2007, 第512页。
④ 吕果:《柬埔寨粮食安全形势分析》,《南洋问题研究》1996年第3期, 第27页。

年的战乱，步入和平发展时期。联合政府颁布新宪法，宣布实行经济体制改革，实行自由市场经济。在政府的改革清单中，农业被置于优先发展的地位，1995年10月柬埔寨政府将农村发展委员会升为农村发展部，11月又成立以第二首相为主席的农业发展委员会，在全国建立5个农业发展中心，作为全国农业发展的典范。推出了一系列发展粮食生产的措施，包括购买农业机械，兴修农业基础设施，引进优良稻种等。在政府的大力推动下，柬埔寨的粮食种植面积和产量都迅速增加。1995—2008年，柬埔寨水稻种植面积平均增长2.5%，单位产量平均增长3.2%，总产量年平均增长率达到5.7%①。1995年柬埔寨大米总产量突破300万吨，实现了大米自给，2003年在缺席世界市场几十年之后实现了大米出口。2015年，稻谷种植面积为305.1万公顷（水稻256.2万公顷），同比下降0.13%，每公顷产量3.085吨，同比增长0.22%，全年稻谷产量933.5万吨，同比增长0.12%，除满足国内需求外尚余稻谷约450万吨、大米290万吨可供出口②。

（二）柬埔寨的粮食安全政策

1993年新政府成立以后，西哈努克国王就根据当时柬埔寨的实际情况，提出了以改善人民生活为中心的经济建设方针，并指出，新政府当前的首要任务是解决人民的吃饭问题。进入21世纪后，柬埔寨政府一直将农业作为“四角战略”中的优先发展领域，大米被视为农业发展的龙头产业。2010年8月，柬埔寨政府颁布《促进稻谷生产和大米出口政策》，积极推动柬埔寨成为世界主要大米出口国（见表4-4）。概括起来，柬埔寨政府推动粮食生产，保障粮食安全的主要措施有以下几方面。

表4-4　2005—2015年柬埔寨稻谷生产及大米出口情况

年份	稻谷种植面积／万公顷	稻谷产量／万吨	可供出口（大米）／万吨	实际出口（大米）／万吨
2005	212.0	598	130	20
2006	225.3	626	150	36
2007	224.1	672	200	46
2008	260.0	717	150	31

① Dvid Dawe, *The Rice Crisis:Marktets, Policies and Food Security* (Washington, D.C.: Earthscan, 2010), p.237.

② 《柬埔寨2015年宏观经济形势及2016年预测》，中华人民共和国驻柬埔寨大使馆经济商务参赞处网站，http://cb.mofcom.gov.cn/article/zwrenkou/201605/20160501310896.shtml。

（续表）

年份	稻谷种植面积／万公顷	稻谷产量／万吨	可供出口（大米）／万吨	实际出口（大米）／万吨
2009	229.8	758	320（稻谷）	82
2010	276.3	824	240	75
2011	321.9	877	247	86
2012	297.1	929	300	90
2013	293.6	939	478	107
2014	289.3	932	—	—
2015	305.1	933	290	110

数据来源：FAOSTAT及中华人民共和国驻柬埔寨大使馆经济商务参赞处网站资料。

第一，进行土地改革，调动农民的生产积极性。在韩桑林政府时期，1987年，政府开始分配小部分土地给私人耕作，打破了过去对土地的垄断，但仍然控制大米生产及贸易。“冷战”结束后柬埔寨加快了经济改革步伐，政府取消原有所谓的“爱国行动”（即强制农户把部分大米卖给国家），耕地也逐步分配给农民自由耕种，同时废除了对公务员、福利人口的粮食补贴制度。1989年柬埔寨土地法出台，承认私人拥有土地权，平均每人可拥有0.15～0.2公顷土地，但不得超过5公顷。1993年生效的《柬埔寨王国宪法》中明确规定柬埔寨实行市场经济体制，新政府取消了金边政权时期的农业合作社，并于1994年颁布《土地法》将土地全部分给农民，截至1994年8月政府已批准39400户土地申请者的申请[①]。在2001年又修改《土地法》，其中规定：土地占有连续5年以上，公民即可以获得这块土地的所有权；如果没有公民能够提供连续5年的占有记录，则这块土地默认为国家所有。土地问题是农民最关心的问题，农民实现了土地使用权，对其生产积极性的提高具有不可估量的作用。

第二，对粮食生产和加工实施优惠政策。柬埔寨政府对农民实施进口农业生产资料免征税的政策，还建立了支持农业基金对私人和中小型合作社提供短期低息贷款支持。2008年柬埔寨各商业和专业银行共发放这类贷款11090亿瑞尔（折合2.7亿美元），受惠客户79.8万人（2007年为6950亿瑞尔、受惠客户67.6万人）。同时，柬埔寨政府对农村发展银行进行注资，由农村发展银行发

① 吕果：《柬埔寨粮食安全形势分析》，《南洋问题研究》1996年第3期，第26页。

放低息贷款，为国内农产品加工企业解决资金匮乏难题。2013年1月农村发展银行宣布向4家农业企业发放总额为300万美元的低息贷款。其中，3家大米加工、贸易企业共获得150万美元贷款。2014年9月，成立“大米银行”。“大米银行”是为推动大米的加工和出口而设立的一个交易平台，具备10万吨大米的购买及储备能力。大米加工商可将自产大米出售给银行，出口商可向银行贷款用于购买大米，或直接向银行购买大米用于出口。“大米银行”负责人介绍，该银行已经建立了3000万美元的资金库用于从农民手中收购粮食。

第三，积极引进外国资本与技术。1994年8月4日柬埔寨政府颁布的《柬埔寨王国投资法》，将农产品加工和各种农村发展项目列为政府鼓励投资的重点领域。1997年、1999年两度修改《柬埔寨王国投资法》。在吸引外商投资农业产业上，柬埔寨政府依据《柬埔寨王国投资法》对开发种植1000公顷以上的水稻、500公顷以上的经济作物、50公顷以上的蔬菜种植项目，畜牧业存栏在1000头以上、饲养100头以上的乳牛项目、饲养家禽10000只以上项目，以及占地5公顷以上的淡水养殖、占地10公顷以上的海水养殖项目均给予支持和优惠待遇。主要鼓励措施是：①项目在实施后，从第一次获得盈利的年份算起，可免征盈利税的时间最长为8年。如果连续亏损，则被准许免征税。如果投资者将其盈利用于再投资，那么可免征其盈利税。②政府只征收纯盈利税，税率为9%。③分配投资盈利，不管是转移到国外，还是在柬埔寨国内分配，均不征税。④投资项目需进口的建筑材料、生产资料、各种物资、半成品、原材料及所需零配件，均可获得100%免征关税及其他赋税，但该项目必须是产品的80%供出口的投资项目[①]。在引进外国技术方面，柬埔寨立足于联合国粮农组织等搭建的国际农业科技转移平台，与泰国、越南、中国、菲律宾等国家加强农业科研和生产方面的合作与贸易，引进农业新品种和先进农业技术，优先改进水稻栽培技术，大力推广水稻直播稀植和半强化栽培等技术。此外，针对不同生态区，引进国外优异稻种资源，改良当地水稻品种，筛选出高产、抗病虫、优质的水稻品种并不断示范推广。

第四，建立粮食储备制度。2012年7月，柬埔寨财经部和亚洲开发银行联合在金边举行“柬埔寨粮食储备法草案”研讨会，会上柬埔寨财经部国务秘书安蓬莫尼洛表示，为保证柬埔寨国内粮食安全，柬埔寨政府将使用亚行3000万

① 《柬埔寨对外国投资的优惠政策》，中华人民共和国驻柬埔寨大使馆经济商务参赞处网站，http://cb.mofcom.gov.cn/article/ddfg/201404/20140400559830.shtml。

美元贷款和500万美元政府配套资金，制定《建立柬埔寨粮食储备法草案》，建立柬埔寨粮食储备制度。该制度一是建立政府与私人合作伙伴关系，有效管理储备资源；二是合并粮食、谷种和资金储备，作为有效应对机制；三是成立国家和地方协调机构，有效执行粮食储备制度；四是通过粮食和营养品数据联合输入，改善信息和监督系统管理。为此，柬埔寨财经部建议，储备1万吨大米，其中7000吨由政府直接管理，3000吨由私人协助管理；储备资金250万美元（可购6000吨大米）；储备稻谷种子和蔬菜种子各3000吨和25吨[①]。

（三）柬埔寨粮食安全存在的问题

柬埔寨是个落后的农业国，91%的人口生活在农村，是2014年联合国列出的世界上最不发达的48个国家之一。虽然1995年以来，柬埔寨实现了粮食自给，并从2003年开始出口大米，但是柬埔寨的粮食安全形势却是比较脆弱的。原因在于：一是水利灌溉系统匮乏，柬埔寨旱季稻谷种植面积仅相当于雨季的1/6，绝大部分土地只能种植一季稻，土地利用率很低，农业耕种技术和设备落后，这导致柬埔寨农业抵御自然灾害的能力非常脆弱，基本处在“靠天吃饭”的状况。例如2000年的严重水灾、2002年的旱涝、2004年的干旱均给粮食生产带来了较大的影响。在这5年间，农业生产较为顺利的只有2003年。在全球气候变化异常的背景下，柬埔寨粮食生产具有诸多不确定因素。二是政府财政捉襟见肘，农业投入有限，农业基础设施的发展严重依赖外来援助和投资；农业研发资金短缺。三是大米加工受经济发展水平和政府管制的影响，设备落后，发展缓慢，仍停留在家庭作坊式时代。截至2010年，柬埔寨全国有近3万家碾米厂，绝大部分规模较小，加工能力和技术落后，真正符合国际标准的碾米厂不足10家。由于加工能力不足、收购稻谷资金缺乏，大量稻谷被泰国、越南米商低价收购，在本国加工成泰国、越南香米后出口至其他国家。此外大米的仓储、物流等配套设施不完备，运输及电力成本高，这些都严重制约了柬埔寨的大米生产和加工。

① 《柬埔寨将建立粮食储备制度》，中华人民共和国驻柬埔寨大使馆经济商务参赞处网站，http://cb.mofcom.gov.cn/article/ddgk/zwminzu/201207/20120708214852.shtml。

三、老挝的粮食安全

（一）老挝的粮食安全状况

老挝位于中南半岛北部，是一个内陆国家，农业一直是老挝国民经济的支柱产业，在国民经济中的比重约为31%，全国约75%的成年劳动力从事农业生产。老挝原是一个君主王国，1893年法国入侵老挝，将其变成殖民地。法国统治者统治老挝半个世纪，把这里作为农副产品和原材料供应地，他们建立种植园，种植鸦片、咖啡豆、橡胶等作物。但在种植园之外，老挝与农业相关的其他产业大部分处在非常原始的状况，有60%的农业人口是游耕农民，他们刀耕火种，迁徙耕作。1954年老挝获得独立，但由于美国的干涉，老挝很快又陷入战争之中。战争严重破坏了老挝原本就非常脆弱的国民经济，农业濒临崩溃，粮食不能自给，每年都要从泰国和柬埔寨进口1万～2万吨大米以弥补不足，国家的财政收入主要依靠外援。20世纪60年代，虽然大米生产有一定起色，但增长不稳定。20世纪70年代以后，大米生产比较稳定，产量均维持在80万吨以上。1975年12月，老挝成立人民民主共和国，1976年老挝人民党颁布《农业税条例》，宣布对除口粮（每人100千克）和种子以外的余粮征收高额农业税，多产多征，最高税额达35%[①]。这一税收政策，严重挫伤了农民的生产积极性。同时人民党还在农村开展了社会主义改造，对于不愿加入合作社的农民采取强制的办法，引起农民反感。这一系列政策失误，对老挝的粮食生产产生严重影响。1976年稻米产量仅有66万吨，比上一年减产27%，1976—1979年大米平均产量为72万吨，比1971—1974年的平均产量下降13.4万吨。粮食不能自给，“五十万人处于饥饿状态”[②]，每年需要进口几十万吨大米。

1986年老挝人民党四大提出了经济革新设想，取消中央集中管理的体制，建立国家宏观调控管理下的市场经济体制，强调把农林业、工业与第三产业结合起来，优先发展农林业，允许和鼓励多种经济成分的存在和发展。为了推动农业发展，老挝人民革命党和政府逐步推行了从家庭承包制转为土地私有化的政策，并采取了改善农业基础设施，推广种植新技术等措施。在革新开放的推动下，老挝粮食种植面积和粮食产量都有了较大发展。1997—1998年，老挝旱稻面积达5.3万公顷，旱稻产量21万吨。2000年稻米产量达230.5万吨，基

① 常州：《老挝的粮食生产》，《印度支那》1985年第2期，第14—15页。
② 同上。

本实现粮食自给。2001年老挝人民革命党就制定了中长期国家发展战略，提出在2020年消灭贫困的宏伟目标，并将农业发展作为消除贫困的首要问题来抓。在政府的推动下，老挝的粮食生产更上一个台阶，2010年，老挝全国稻谷耕种面积约为90万公顷，产量326万吨（其中糯米占85%，粳米占15%），人年均占有量超500千克，还有几十万吨剩余可供出口。

（二）老挝的粮食安全政策

第一，改革粮食生产体制，减免农业税，促进和保护粮食生产经营。1975年老挝人民革命党建国后，对粮食征收高额农业税，极大地挫伤了农民种粮的积极性。从1980年开始，老挝逐渐改变农业税收政策，1980年宣布废除农业生产中按农产品产量征税的政策，改为按耕地的好坏征税，还对农业生产者开垦荒地种植农作物5年之内予以免税。1989年修订了原有的《税收制度决议》，着重调整了农业税的税率问题，在不同程度上降低了各种农作物的征收税率。1993年5月颁布《土地法》，将更多的农业税收减免上升到国家法律的层面，修缮了过去的税收制度，对保护土地、开垦荒地等活动在农业税上予以减免。《土地法》还用法律的形式确定了土地私有化政策。《土地法》明确规定，农业生产者保留对土地的占有权、使用权、出租权、抵押权、转让权，允许老挝公民继承、移交和出售占有的土地。《土地法》从根本上解决了土地权属问题，并将多产多收的农业税改为土地税，大大激发了农民的生产积极性。同时，老挝人民革命党还改革农业所有制结构，鼓励经营多样化和经营自主化。

第二，大力改善农业生产经营的基础设施。老挝农业生产经营的基础设施落后，水利设施匮乏，交通运输落后。老挝政府已经意识到水利设施和交通运输等农业生产经营基础设施对农业发展的促进作用，近年来老挝政府正独立或引资合作积极加大农业生产经营基础设施建设力度，具体做法是加大政府资金支持力度、重点开发农业生产项目、改善农业水利设施建设、引进国外先进的生产设备，从而加快老挝农业的现代化发展。2006—2010年，老挝政府共批准投资项目1790个，核准金额101.2亿美元，投资领域主要有水电（34亿美元）、农业（11亿美元）①。

① 《老挝政府公布六五规划投资成效》，中华人民共和国驻老挝大使馆经济商务参赞处网站，http://la.mofcom.gov.cn/article/sqfb/201109/20110907754024.shtml。

第三，设立了专门的金融机构，为粮食生产和加工贸易提供资金帮助。1993年老挝设立农业发展银行，专门为农业生产和相关机构提供融资。2008年政府投资于大米产业的资金达1200万美元。政府还设立了“大米银行”，旨在满足和调节市场需求，即使在大米短缺时也能使米价相对稳定，以确保粮食安全。

第四，引进和推广先进种植技术，提高粮食生产效率。老挝的农业生产一直没有脱离原始的低下水平，粮食生产技术非常落后。1961年稻谷单位面积产量仅为87千克/公顷，比世界平均水平少998千克／公顷，相差了11倍。独立后老挝水稻单位面积产量有所提升，到2000年为2060千克/公顷，比世界平均水平少827千克/公顷。2014年老挝稻谷单位面积产量为4178千克/公顷，仍比世界平均水平少360千克/公顷。为了提高粮食生产效率，老挝政府一方面积极宣传推广种植双季稻，鼓励农民使用水稻良种和先进适用的农业技术；另一方面加强国际合作，积极引进国外技术与资金。1993年以来，老挝开放国内农业市场，引进中国、泰国、越南、美国、澳大利亚等国的技术与资金投入良种培育、农业机械、粮食加工、化肥农药等领域，取得了一定成效。如中国政府曾向老挝政府提供多项无偿援助，其中包括提供设备如耕作机、养殖设备和玉米烘干机等，并且援建老挝农业示范中心等。

（三）老挝粮食安全的脆弱性

自2000年以来，老挝基本保障了粮食的自给自足，并有部分大米出口。但由于老挝社会经济发展起步较晚，经济发展程度较低，粮食安全状况不容乐观。一是老挝存在大量贫困人口，这些人的粮食安全很难得到保障。2014年联合国确定老挝为48个最不发达的国家之一，老挝的贫困问题不容忽视。据老挝《新万象报》报道，《老挝2020农业发展战略规划》披露，老挝有约40%的5岁以下儿童因粮食不足未达到标准体重，有约23%的6～24个月婴幼儿缺粮，合计有近30万个儿童缺粮[①]。二是粮食生产技术落后。老挝的耕作方式相对原始，刀耕火种还能在老挝国内看到，尤其是在北部山区还相当普遍。老挝政府计划到2020年完全淘汰原始的刀耕火种耕作方式。老挝的良种、化肥、农药等辅助生产资料供应不足。落后的耕作方式直接降低了老

① 《老挝有近30万儿童缺粮》，中华人民共和国驻老挝大使馆经济商务参赞处网站，http://la.mofcom.gov.cn/article/sqfb/201011/20101107233850.shtml。

挝粮食生产的整体水平。三是没有粮食储备。老挝政府由于经费紧缺，没有建立粮食储备系统，粮食主要在农民手中。当粮食价格上涨时，农民会通过小额边境贸易将粮食运到泰国或者越南加工出售，因而储存在农民手中的粮食不能作为粮价动荡时稳定粮食供应之用。四是粮食流通体系不健全。由于地理条件的限制，老挝国土面积的75%是山地与丘陵，交通运输条件极差，交通运输主要依靠公路，但是到2019年底贯穿全国的公路网络也没有建立起来。截至2013年底，老挝公路总里程不足3.5万公里，而老挝的第一条铁路是到2009年3月才正式通车。由于缺乏顺畅的运输网络，农业生产区和消费需求地带很难对接，从而阻碍了农产品的流通和交易。

第五章

中国与东盟国家粮食安全合作现状分析

1999年7月，正当中菲关系因美济礁问题和菲军舰撞沉我国渔船事件而陷入低谷之时，时任中国农业部部长陈耀邦率领中国农业代表团对菲律宾进行了正式友好访问，双方签署了关于加强两国农业合作意向书以及向菲律宾提供商业杂交水稻良种的谅解备忘录。中菲在粮食及农业领域的合作不仅成为化解两国关系僵局的契机，同时也开启了中国与东盟国家粮食安全合作的历史性进程。目前，中国与东盟国家粮食安全合作在多个框架和领域全面展开，取得了积极进展，成为中国与东盟合作的重要组成部分。本章旨在分析中国与东盟国家粮食安全合作的现状，通过梳理这种合作的机制、议程及存在的困难与问题，为进一步提出促进合作的政策建议奠定基础。

第一节　中国与东盟国家粮食安全合作进程与机制

一、中国与东盟国家粮食安全合作进程

1. 中国与东盟国家粮食安全双边合作

中国与东盟多数国家都是以农业为主的国家，在推进睦邻友好的双边关系中，包括粮食生产和贸易在内的农业合作是其重要内容，中国与东盟大多数国家都签署了双边农业合作协议。1997年，中泰两国农业部正式签署了《中华人民共和国农业部与泰王国农业与合作部农业合作谅解备忘录》并成立中泰农

业合作工作组。1999年7月中国与菲律宾签署关于加强两国农业合作意向书以及向菲律宾提供商业杂交水稻良种谅解备忘录（见表5-1）。

表5-1　中国与东盟各国关于农业合作的双边协定

合作国家	时间	合作协议
泰国	1997年 2014年	中泰农业合作谅解备忘录 中泰农产品贸易合作谅解备忘录
菲律宾	1999年	中菲关于农业及有关领域的合作协定
老挝	2000年 2001年	中老农业合作谅解备忘录 中老农业合作纪要
印度尼西亚	2001年	中国与印度尼西亚农业合作谅解备忘录
柬埔寨	2000年 2010年	中柬农业合作谅解备忘录 中柬双边大米贸易的合作谅解备忘录
马来西亚	2003年	中马两国政府农业合作协议
缅甸	2001年 2014年	中缅两国政府关于农业合作的协议 中缅农业合作谅解备忘录
越南	2014年 2016年	中越农业合作协议 中越农业合作谅解备忘录 关于越南大米出口中国议定书

2. 中国与东盟的粮食安全多边合作

2002年11月4日，中国和东盟在柬埔寨首都金边签署《中国-东盟全面经济合作框架协议》（简称《框架协议》），双方决定要在未来10年内建成中国-东盟自由贸易区。中国与东盟的经贸合作进入一个崭新的阶段。《框架协议》是中国-东盟自由贸易区的法律基础，共16个条款，其确定双方的合作分两个阶段进行：第一个阶段是“早期收获计划”，即从2004年开始对共计约600种以农产品为主的产品进行降税，到2006年实现零关税，4个东盟新成员国（越南、老挝、柬埔寨、缅甸）到2010年实现零关税；第二个阶段是中国与东盟到2010年建成自由贸易区。2002年11月，中国农业部与东盟正式签署《中国-东盟农业合作谅解备忘录》，提出了双方在农业方面合作的主要领域，中国将在杂交水稻、栽培技术、水肥管理、病虫害综合防治及其他领域对来自东盟国家的专家进行培训。另外，还会在渔业与水产养殖领域、农业生物技术应用领域、农业工业领域，农业推广领域及畜牧业领域与来自东盟国家的专家进行农业技术交流和对其进行培训，双方还将在农业高新技术、林业、采后技术及粮食安全等领域开展交流与合作。以《中国–东盟农业合作谅解备忘录》的签订为标志，中国与东盟国家的粮农合作进入全新发展阶段。2004年11月29日，中国与东盟在老挝首都万象签署《中国–东盟全面经济合作框架协议货物贸易协议》，对于未列入“早期收获计划”包括农产品在内的产品互相给予优惠关税待遇，产品因分类不同按照不同时间表进行减税，中国将与东盟老成员国在2010年建成涵盖货物贸易的自贸区，2015年和东盟新成员国建成自贸区。《中国–东盟全面经济合作框架协议货物贸易协议》的签署使中国和东盟双方贸易条件得到进一步改善，使得双方的产品能够更加顺畅地进入对方的市场，为双方粮农合作迎来了新的一轮发展机遇。2008年粮食危机后，中国与东盟国家粮食安全方面的合作步伐进一步加快，构建了一系列多边与双边合作的机制与框架。2009年2月底召开东盟第14次峰会，会上东盟十国首脑共同确定了5年期（2009—2013年）的东盟粮食安全一体化框架和战略进程，决定参与东亚能源大米储备工程和东盟粮食安全信息系统，并建立粮食安全预警系统。2009年10月，东盟与中日韩领导人会议发表了东盟与中日韩关于粮食安全与生物能源开发合作的声明。与会领导人一致表示支持继续推进东亚紧急大米储备试点项目，并根据试点经验探索建立“东盟10+3紧急大米储备库”的可能性。与会领导人承诺努力提高本国粮食产量，支持实施“东盟一体化粮食安全框架”和“东盟地区粮食安全战略行动计划”。2011年10月，在第33届东盟与中日韩农林部部长会议上，东盟各国与中日韩三国共同签署了“10+3紧急大米储备协定”。

二、中国与东盟国家粮食安全合作机制

1. 双边合作机制

中国与东盟国家在粮食和农业领域的双边合作机制主要是中国与东盟各国在粮食和农业领域建立的双方联系。截至2008年底，中国与柬埔寨、菲律宾、老挝、马来西亚、缅甸、泰国、越南、印度尼西亚等8个东盟国家签署了14个双边农业或渔业合作协议、合作谅解备忘录，建立了11个双边农业或渔业合作联委会（工作组）（见表5–2）①。

① 陈前恒、吕之望：《中国与东盟农业合作状况与展望》，《东南亚研究》2009年第4期，第47页。

表5-2　中国与东盟国家双边农业或渔业合作联委会（工作组）

序号	名称
1	中泰农业联介委员会　▲
2	中菲农业联介工作组
3	中菲渔业委员会
4	中越渔业工作组　▲
5	中越农业工作组
6	中马农业合作委员会　▲
7	中印尼农业联合委员会
8	中印尼渔业工作组　▲
9	中缅农业联委会
10	中老农业工作组
11	中柬农业工作组

注：▲表示能定期召开工作组会议。

2. 多边合作机制

中国与东盟国家在粮食和农业领域的多边合作机制围绕着三个层次依次展开：大东亚区域合作、东盟区域合作、大湄公河次区域合作。

一是东盟与中日韩“10+3”合作。1999年第三次“10+3”领导人非正式会议发表《东亚合作联合声明》，明确表示将粮食安全作为东盟与中日韩（10+3）的重要合作领域之一，其内容包括人力资源开发、政策与技术论坛、战略问题研究和紧急救助性援助等，其合作机制包括“10+3”领导人会议、“10+3”农林部部长会议和各类综合性或专门性的论坛及研讨会议等，中国政府积极探索将东盟与中日韩粮食安全合作战略圆桌会议建设成为区域粮食安全合作常设机制。

二是中国与东盟（10+1）合作。2002年11月，中国农业部与东盟秘书处正式签署了《中国-东盟农业合作谅解备忘录》，中国与东盟国家粮食合作全面展开，合作的领域包括人力资源开发、技术示范与推广、学术与科技交流等诸多方面，双方对话的机制以中国-东盟农林部部长会议和高官会议为主。

三是大湄公河次区域（GMS）合作。大湄公河次区域国家在共同发表的《昆明宣言》中提出，次区域贫困问题在很大程度上是农业问题，农业发展对减贫至关重要。鉴于农业在GMS国家和地区国民经济中能发挥巨大作用，2001年11月GMS部长级会议确定将农业和自然资源加入GMS合作领域，在GMS

原有的8个工作组的基础上成立农业工作组（见表5-3），以促进次区域农业合作。合作的主要内容包括大湄公河次区域农业信息网络建设，农业技术推广与培训，粮食加工合作以及中越、中缅、中老跨境动植物疫病防控合作等。合作的机制以“10+3”农林部部长会议和GMS农业工作组为主，亚洲开发银行作为区域性开发银行，主要体现在充当GMS机制协调人、提供资金支持、提供技术支持、负责区域合作的政策制定及优先发展项目的确定。2005年7月5日在昆明召开的大湄公河次区域经济合作第二次领导人会议通过的《昆明宣言》进一步提出了次区域合作的指导原则，即相互平等、相互尊重、协商一致、灵活务实、面向行动、注重实效、循序渐进和可持续发展。《昆明宣言》还提出了今后合作的四个关键领域，即加强基础设施建设，改善贸易投资环境，加强环境与社会发展及筹资和深化伙伴关系，指明次区域合作的核心任务是减贫，而农业发展对消除贫困有重要作用。为此，次区域将加强农业合作，确保粮食安全，建立次区域农业信息网。在GMS农业合作中，GMS领导人会议、GMS经济合作部部长会议和GMS农业工作组是开展和落实农业合作的主要机制。

表5-3　中国与东盟国家多边农业合作工作组/会议

序号	名称
1	GMS农业工作组
2	“10+3”农林高官会
3	“10+3”农林部部长会议
4	EAERR指导委员会会议
5	AFSIS协调员会议

第二节　中国与东盟国家粮食安全生产性合作

中国与东盟国家粮食安全生产性合作是指双方为促进粮食生产而进行的合作与互助，其中主要包括粮食生产技术的交流与推广，农田基本设施及粮食生产资料的合作，人员的培训等。

一、粮食生产技术的交流与推广

1. 杂交水稻的交流与推广

中国与东南亚地区是世界上水稻生产的主要区域，水稻技术合作与交流是中国与东盟在农业领域合作的重要内容。东盟国家虽然普遍种植水稻，但其水稻育种水平与中国相比仍有不小差距。近年来杂交水稻已经被联合国粮农组织作为水稻增产的关键技术向发展中国家推广，其中东南亚是主要推广地区之一，在2010年签订的《中国-东盟农业合作谅解备忘录》中，杂交水稻种植被列为中国与东盟在农业科技方面长期合作的重点。在中国农业部及各地方政府的大力支持下，中国的优良水稻品种如湖南的袁隆平超级稻、湖北的红莲型杂交水稻、福建的宜优673、云南的云光系列杂交水稻等品种都在东盟国家得到推广与种植[①]。

1979年越南农科院开始引进中国杂交水稻试种，表现高产，但抗性和米质较差。1992年，越南在同中国接壤的一些乡村试种中国的杂交水稻。随着试种取得初步成功，越南农业部门鼓励有条件的地方进一步推广。杂交水稻在越南平均每公顷产量约为6.3吨，比常规稻要高出1.81吨左右。这不但大幅提高了越南水稻总产量，保证了国家粮食安全，还为越南成为世界第二大大米出口国立下汗马功劳[②]。越南政府还在2002年授予"杂交水稻之父"袁隆平院士越南农业和农村发展勋章，以表彰他对越南杂交水稻发展做出的卓越贡献。至2012年，越南种植的杂交水稻面积达70万公顷，但种子70%需要从国外进口，主要来自中国[③]。越南引进的杂交水稻组合众多，除注册组合外，来自中国的杂交稻博优838、II优725、II优501、汕优桂33、汕优559、I优63、I优924、D优128、特优559、金优527、金优桂99、K优725、枝优桂99、枝优香、协优63、协优527、农平29、南优28、云光16号、云光19号、壮农15、华优86、丰优559、扬两优6号等组合均有一定种植面积[④]。

菲律宾自1987年开始试种杂交稻，1997年开始大面积种植。2003年中菲签

① 吴崇伯：《东南亚各国的粮食新政及其与中国的合作分析》，《南洋问题研究》2013年第1期，第47页。

② 刘刚：《越南试种杂交水稻20年指导科学种植》，《人民日报》2010年8月19日。

③ 驻胡志明市总领馆经商室：《越南杂交水稻种子依赖中国》，引自南博网，http://vietnam.caexpo.com/jmzx/2012/08/23/3574488.html。

④ 胡继银、蒋艾青：《越南杂交水稻现状及发展对策》，《杂交水稻》2010年第5期，第84—88页。

订《关于中菲农业技术中心项目技术合作会谈纪要》，中国无偿援助500万美元建立中菲农业技术中心，向菲律宾提供价值2亿美元的杂交稻良种和农机设备贷款，并派驻专家帮助菲律宾发展杂交水稻。中国种业前10强中的北大荒种业（黑龙江北大荒种业集团有限公司）和隆平高科（袁隆平农业高科技股份有限公司）分别于2007年和2008年在菲律宾成立了种业合资公司和研发中心，通过与菲律宾方公司合作，选育杂交稻组合在菲律宾试种，已有组合通过审定。菲律宾主栽的杂交水稻品种SL–8H（Mestiso–h）组合可以算是“中国制造”，是菲律宾西领农业公司（SL Agritech Corpora–tion）从中国湖南聘请的育种专家利用中国的亲本（粤泰A/9311）选育的。该组合优质、高产，最高产量达10.37吨/公顷，其种子主要在中国生产，再出口到菲律宾，最高制种产量达到5.1吨/公顷，种子产量和纯度高，价格低，深受农民喜爱，每年的推广面积超过10万公顷，占菲律宾杂交稻市场的45%[①]。

1984年马来西亚农业研究所开始研究杂交水稻，由于种种因素的制约，马来西亚杂交水稻研究仍处于起步阶段。2002年北京水稻大会上，马来西亚一家公司与中国海南神龙大丰股份有限公司签订了协议，但未见有品种在马来西亚试种。2004年袁隆平应马端姑赛西拉祖丁基金会（元首基金会）邀请，协议在马来西亚玻璃市州建杂交水稻研究中心，但未得到落实。2004年马来西亚一家公司从中国湖北省种子集团公司引进10个杂交稻组合，通过试验，从中筛选出2个品种于2008年旱季在吉达州试种，产量为7.7吨/公顷，比对照组增产32.7%。2008年马来西亚森达美集团公司与中国水稻研究所签订协议发展杂交水稻，中国水稻研究所派专家对马来西亚水稻生产进行了考察。同年沙捞越州政府与中国的华奥集团和湖南科裕隆种业有限公司协议，准备在沙捞越州建农业示范园推广杂交水稻[②]。2011年袁隆平主持研发的一批杂交水稻品种在位于大马水稻主产区的吉达州进行了试种，试种结果显示，由袁隆平主持研发的这一批杂交水稻品种最高产量可以达到10吨/公顷。2012年1月31日马哈蒂尔科学奖基金会在吉隆坡为袁隆平颁发马哈蒂尔科学奖[③]。

缅甸是研究和发展杂交水稻起步较晚的国家。1991年以前，缅甸北部地

① 毛瑞清等:《中菲杂交水稻合作开发前景探讨》,《农业科技通讯》2015年第8期，第11页。

② 胡继银、李炳华、蒋松青:《马来西亚杂交水稻现状及发展对策》,《杂交水稻》2009年第3期。

③ 《中国杂交水稻享誉马来西亚，袁隆平获马哈蒂尔科学奖》,《科技日报》2012年2月2日第1版。

区从中国引进杂交水稻进行试种，增产显著。1991年缅甸制订了国家杂交水稻研究发展计划，1997年联合国粮农组织聘请以袁隆平为组长、毛昌祥为副组长的专家组给缅甸制订了杂交水稻发展详细计划，提出了5年中期发展计划，并提供了10多个杂交水稻组合和几个不育系，培训了大批缅甸杂交水稻育种和制种人才[①]。1998年中国四川四马公司、北京首放公司、三明市农科所、隆平高科等中国种业公司相继进入缅甸开发杂交水稻。2001年后，由于中国杂交水稻组合米质差，且不抗病，缅甸减少了种子进口，这使杂交水稻种植面积下降。2005年缅甸从中国云南进口云光14号种子100吨。目前杂交水稻种子主要出口国为中国和印度，从事杂交水稻种子出口的公司主要有中国四川四马公司、北京首放公司、印度国际杂交水稻公司等。其中，中国四川四马公司在试验筛选国内10多个杂交水稻品种的基础上，将表现较好的501品种（汕优系列）通过技术指导和培训已推广5万～6万亩，在缅甸杂交制种面积达到1000亩，年提供商业稻种7.5万千克。

中国与印度尼西亚的杂交水稻合作始于20世纪90年代初，中国参与合作的单位包括隆平高科、湖南省农业厅、国家杂交水稻工程技术研究中心、中国农业大学、四川国豪种业有限公司等，它们先后在印度尼西亚试验1000多个杂交水稻品种，最后通过印度尼西亚农业部审核的品种有17个。2013年5月28日，在印度尼西亚达板楠县辜固村举行的巴厘省杂交水稻高产栽培示范现场验收会上，验收测产结果达9.8吨/公顷，较当地水稻产量增加50%以上。2011年，根据中国与印度尼西亚两国政府关于援印度尼西亚杂交水稻技术合作项目换文的框架协议，中国与印度尼西亚杂交水稻技术合作项目在雅加达正式启动。该项目由中国商务部和印度尼西亚农业部监管，隆平高科和印度尼西亚农科院执行，旨在通过选育和推广优良杂交水稻新品种来提高印度尼西亚杂交水稻产量[②]。

泰国虽然是大米出口大国，但水稻基本是常规稻品种，杂交水稻在泰国所占比例不到2%，近年来泰国政府为了增加水稻产量，努力推进杂交水稻的种植。2001年，中国国家杂交水稻工程技术研究中心与泰国正大集团合作，引进我国8个杂交水稻组合进行品种比较试验。2012年，中泰科技合作联委会第20次会议在曼谷举行，会议决定将“中泰杂交水稻技术合作”项目确定为中泰

① 毛昌祥、郭名奇、邓应德：《缅甸的杂交水稻》，《杂交水稻》1998年第1期，第27—28页。
② 《中国印度尼西亚杂交水稻技术合作项目启动》，《经济日报》2011年1月11日第10版。

科技合作的长期研究项目，由泰国水稻研究与发展署和湖南省水稻研究所共同承担，合作研究主要内容为杂交水稻育种、制种、栽培技术研究[①]。

2. 粮食生产技术示范区的建设

境外示范项目是中国与东盟国家粮食领域合作的主要载体，是向东盟国家展示我国农业技术优势，争取国际信任，推动农业科技成果外向型转化和促进农业商贸交流的重要形式。2002年以来，在10年时间里，中国在“10+1”的框架内，在菲律宾、印度尼西亚、马来西亚、缅甸、越南、柬埔寨和老挝等国建立了40多个粮农生产技术示范项目，有效地展示了中国先进的优良品种、农机装备和栽培管理技术等（见表5-4）[②]。中菲农业技术示范中心由中国和菲律宾于2003年共同投资建立，其中中国方面援助560多万美元，并派遣9名专家常驻该中心，以推广杂交水稻种植技术和使用中国农机技术。为期5年的二期项目也已经启动。2009年以来，云南省农业科学院积极开创中国与国外互设农业科技示范园之先河，与柬埔寨、老挝、越南3国分别合作建设农业科技示范园，充分利用我国农业新品种、新技术的试验示范及展示等，吸引中外更多企业参与农业科技示范园建设。云南省农科院先后在越南河内和保山动工建设中越河内农业科技示范园和越中保山农业科技示范园，位于柬埔寨暹粒省的云南-暹粒友好农业科技示范园于2010年4月竣工，老挝北部农业科技示范推广中心开工建设。云南省农科院国际合作处处长陶大云介绍，云南-暹粒友好农业科技示范园重点发展观光农业，集中展示了杂交水稻、玉米、花卉和果树圃。越中保山农业科技示范园侧重于将越南优良热带水果品种引入中国，展示了柚子、青枣、番石榴等热带水果。中越河内农业科技示范园重点展示了云南省农科院培育的马铃薯、蔬菜和花卉品种。老挝北部农业科技示范推广中心展示了旱稻、玉米、茶叶、橡胶、烟草5种特色粮食和经济作物[③]。

① 湖南省科技厅：《泰国水稻研究与发展署专家来湘开展杂交水稻技术合作》，http://www.hunan.gov.cn/zwgk/hnyw/tjdt/201305/t20130521_855444.html。

② 卢肖平：《同心协力 化危为机 共创未来——论中国-东盟农业合作》，《世界农业》2010年第1期，第4页。

③ 《云南到国外设农业科技园，展示农业新品种新技术》，《人民日报》（海外版）2010年1月8日第2版。

表5–4 中国–东盟粮食生产技术示范项目一览

地点	名称	承办单位	年份
印度尼西亚	印度尼西亚1公顷杂交水稻种植示范项目	湖南省农业厅	2003
缅甸	中缅农业科技示范园区项目	四川省农业厅	2003—2009
菲律宾	中菲农技中心技术支持项目（一期）	农业部外经中心	2003—2008
越南	中越河内农业科技示范园	云南省农科院	2009
老挝	老挝北部农业科技示范推广中心	云南省农科院	2009
柬埔寨	云南–暹粒友好农业科技示范园	云南省农科院	2009
缅甸	百特定标农业合作示范田	—	2015
菲律宾	中菲农业技术示范中心技术支持项目（二期）	农业部外经中心	2012—2017

3. 粮食生产与加工技术的交流与合作

对东盟一些农业国家来说，我国的许多粮食生产与加工技术和设备比较实用，易于推广。2002年以来，中国农业部先后派出20多个考察团组，赴东盟国家进行考察访问，对东盟国家的农业发展现状进行深入了解，同时中国农业部每年接待20多个东盟国家的农业团组来华考察。与此同时，中国还在华为东盟国家举办了31个论坛、研讨会或其他活动，涉及主题包括农村能源、水稻机械化生产、水果质量标准与国际贸易等。在这一领域，共投入资金1080.6万元①。如表5–5所示，在双边合作框架下，中国与东盟国家，尤其是与泰国、菲律宾、缅甸、越南及印度尼西亚等，在技术交流方面开展了富有成效的合作。

表5–5 中国–东盟技术合作及交流项目②

时间	名称	代表人数/人	合作机制	承办单位
2002年9月	东盟马铃薯研讨会	60	10+1	农科院、国际马铃薯中心
2002年11月	中国–东盟农业政策研讨班	20	10+1	农经所
2002年6月	东亚农业技术与合作论坛	100	10+3	国合司、科技发展中心
2003年9月	东南亚山区可持续农业生产系统发展战略国际研讨会	43	GMS	IRRI驻京办

① 唐盛尧：《中国–东盟农业比较优势与合作战略研究》，中国科学院博士论文，2008，第102页。

② 唐盛尧：《中国–东盟农业比较优势与合作战略研究》，中国科学院博士论文，2008，第103—104页。

（续表）

时间	名称	代表人数/人	合作机制	承办单位
2003年11月	“10+3”热带农业技术研讨会	—	10+3	海南农业厅
	GMS农业投资与合作研讨会	—	GMS	外经中心
2004年	东盟农产品加工业考察	—	—	贵州农业厅
2004年11～12月	东盟马铃薯生产技术考察（泰菲）	—	—	河北农业厅
2004年11月	“亚太地区有机农业与绿色食品信息交流网”项目交流	—	—	绿色食品协会
2004年9月	亚洲水稻发展研讨及技术展示会	50	ACD	外经中心
2005年	ACD农业合作论坛	—	ACD	—
2005年10月	农业高官访华团	24	10+3	交流中心
2005年10月	“10+3”农产品质量安全研讨会	18	10+3	外经中心
2005年	中国-东盟农业合作战略与管理研讨会	—	10+1	国合司
2006年	中国-东盟农业合作与回顾	—	10+1	交流中心
2006年11月	中国-东盟农村能源技术论坛暨技术展示会	—	10+1	外经中心
	亚洲水稻机械化技术应用论坛暨现场作业演示会	—	—	农机推广站

二、农田水利设施及粮食生产资料的交流与合作

东盟各国普遍存在农田水利设施建设薄弱的现象，许多稻田因缺乏灌溉设施只能种植一季稻。2002年以来中国加强了在这些方面与东盟各国的合作。柬埔寨河流众多，水电资源丰富，水电站开发是柬埔寨电力发展的重点。截至2012年11月，柬埔寨在建或已完成的水电站项目共6个，均为中国企业以BOT（建设-经营-转让）方式投资建设，总投资18.21亿美元，总装机92.72万千瓦，2015年前陆续建成投产，全部投产后年平均发电量共39.98亿度①。2012年，中国进出口银行行长李若谷和柬埔寨副首相兼财经部大臣吉春在金边签署了三项优惠出口买方信贷贷款协议，总额3.02亿美元。三个项目包

① 《柬埔寨电力现状和发展趋势》，中华人民共和国驻柬埔寨大使馆经济商务参赞处网站，http://cb.mofcom.gov.cn/article/zwrenkou/201211/20121108436231.shtml。

括：214号公路（1.13亿美元）、76号公路延长线（8927万美元）和水利发展项目（9930万美元）[①]。其中柬埔寨菩萨河水利灌溉项目由广东外建承建，该项目建成后雨季灌溉面积约1万公顷，旱季灌溉面积约2600公顷。老挝的情况与柬埔寨基本类似，中国水利电力对外公司、中国水利水电建设股份有限公司、中国水电建设集团国际工程有限公司与老挝国家电力公司共同投资开发色坎曼2水电站、南俄5水电站、南坎3水电站、南椰2水电站等项目。2012年3月31日，缅甸马圭省吉荣吉瓦水电站落成。吉荣吉瓦水电站位于缅甸马圭省敏布市，又称“KK电站”，由我国广东珠海新技术有限公司承建。该项目是缅甸政府重点推动的第二大水电站项目，建成后可灌溉96000英亩农田，并提供每年7400万千瓦的发电量。

东盟各国的农业机械化生产也比较落后，除近几年我国和韩国、俄罗斯等少数国家在东南亚地区开办了为数不多的农机工厂外，东盟各国自己创办的农机工厂并不多见，大型企业则数量更少。因此，东盟各国的农机长期以来都依赖进口。中国的农机质优价廉，便于操作，由于地域因素和农业发展模式等，我国的农机也比发达国家的农机更适合在东盟国家运用，双边贸易与合作的潜力很大。通过投资办厂、举办会展等形式，我国农机出口取得了显著的成绩，特别是印度尼西亚、越南、菲律宾已成为我国农机的主要出口国。1999年7月，中国农业部组织大型农机企业家代表团访问菲律宾，并在菲律宾成功地举办了中国农业机械展览会，积极促销我国中小型农机，与菲律宾方签署协议销售农机约200万美元。在印度尼西亚，中国贸促会于2000年初举办小型农业机械展览会，是金融危机后中国在印度尼西亚举办的第一个大型展览会。其中许多有实力的中国企业带着各自高质量的农机产品参展。缅甸、越南等国，对中国的拖拉机、柴油机、电机、水泵等农机产品的需求量很大。

东盟各国化肥和农药的使用率不高，生产也比较落后，中国与东盟各国在化肥、农药方面的合作方式一是出口贸易。中国的化肥和农药对于东盟各国来说也具有比较优势，是对东盟国家出口的大宗商品。据越南媒体报道，2015年前7个月，越南农林水产业用生产物资进口额为124.5亿美元，同比增长19.3%。其中进口化肥210万吨，价值6.66亿美元，46.1%是从中国进口的，同

① 《中柬签署三项优买信贷贷款协议》，中华人民共和国驻柬埔寨大使馆经济商务参赞处网站，http://cb.mofcom.gov.cn/article/jmxw/201202/20120207954139.shtml。

比增长9.2%；进口杀虫剂和原料价值4.75亿美元，同比增长9.4%，中国仍是越南的主要杀虫剂供应市场，占越南进口额的56.9%[①]。合作方式二是中国相关企业在东盟国家投资设厂。2004年中国石油天然气集团公司旗下的中国寰球工程公司在越南签署磷肥项目管理合同，2006年该公司与越南工业部下属的越南化学工业集团公司合作签署了越南宁平煤头化肥项目的总承包合同。该工程包括年产32万吨合成氨、56万吨尿素、36兆瓦电站、循环水和空分空压等装置，合同金额为4.32亿美元。合作方式三是无偿援助。2004年初，越南暴发禽流感，中国向越南提供了防护服、消毒液和其他物质，有力支援了越南的禽流感防控工作。2015年老挝北部爆发蝗虫灾害，为帮助老挝应对此次蝗灾，中国政府同意支援老挝紧急蝗灾物资。中方除提供包括自走式喷雾机、背负式动力喷雾机、防护服、防护口罩、防护手套、溴氰菊酯乳油在内的物资外，还为老挝提供灭蝗虫技术培训。

三、人力资源开发方面的合作

自从中国与东盟签署农业合作谅解备忘录后，中国农业部按照备忘录的要求，并结合东盟国家农业发展的要求，与东盟国家开展了一系列农业技术人才培训活动，培训内容涉及杂交水稻种植、热带作物种植、食用菌生产、种子管理、信息农业建设、动物疫病防治、马铃薯产业发展、稻田养鱼、畜牧生产、平衡施肥、农业政策等。2002—2012年，中国农业部已经组织和投入资金上亿元人民币，在“10+1”范围内开展了各类农业交流与合作项目150多个，方式包括人力资源开发、技术示范与推广、学术与科技交流和经济贸易促进等。通过举办60多个农技培训活动，为东盟国家累计培训了1000多名管理和技术人员[②]。2002年10月“东盟+中日韩”和农林部部长会议审定同意启动“东盟国家农业信息技术培训”项目，该项目旨在通过系统地搜集、整理、分析、传递和管理粮食安全数据和信息，促进东盟国家粮食安全的规划、评估、监测和实施，主要用于发展东盟国家间的粮食及农业信息网络和加强人力资源建设。自2003年启动后，中国农业部已经连续出资举办了6期信息系统培训班。此外，中国驻东盟

① 越南《经济时报》7月28日消息，转引自中华人民共和国驻越南大使馆经济商务参赞处网站，http://vn.mofcom.gov.cn/article/ztdy/201407/20140700678906.shtml。

② 卢肖平：《同心协力 化危为机 共创未来——论中国-东盟农业合作》，《世界农业》2010年第1期，第4页。

各国大使馆针对各国的粮食生产情况，联合中国商务部和农业部在各国举办农业技术培训班。例如，2015年11月由中国商务部主办、农业部对外经济合作中心承办的2015年柬埔寨水稻种植技术海外培训班和2015年柬埔寨稻米加工及农业信息化管理海外培训班在柬埔寨金边举行开班仪式。柬埔寨农林渔业部国务秘书曼安诺、中国驻柬埔寨大使馆经济商务参赞宋晓国、中国农业部对外经济合作中心副主任胡延安及柬埔寨学员等约100人出席开班仪式[①]。

四、粮食领域的投资合作

中国与大多数东盟国家都是以农业为先，因此双方在开展农业投资合作方面具有得天独厚的优势。农业投资合作是中国和东盟国家在农业领域进行合作的重要形式之一。近几年，随着中国-东盟自由贸易区合作进程的加快，中国与东盟国家之间的投资不断增长。东盟国家农业资源比较丰富，总土地面积约是中国的一半，而人口还不到中国的一半，气候和土壤等自然条件也十分适宜发展农业生产。一些国家土地资源丰富，比如柬埔寨、老挝、缅甸等，且土地开发程度不高，这对中国实施农业“走出去”战略，充分利用国外资源十分有利。

中国一些大型国有企业通过境外农业投资，派遣农业技术人员和农业劳动力到东盟国家租赁土地发展粮食生产等农业合作项目，如中储粮公司在柬埔寨投资成立柬中米业有限责任公司，从事粮油及农副产品的种植、收购、加工、贸易、进出口等。中国海外经济合作公司、中国农垦集团等企业曾先后在柬埔寨投入一定资金，探索农业综合开发，包括农作物、经济作物种植，家畜养殖等。

广西、云南等与东盟国家接壤的西南地区也纷纷加大了在东盟国家的投资。截至2013年11月，广西共有30多家企业对东盟国家开展农业境外投资，协议投资总额18199万美元，中方协议投资额15848万美元，投资领域重点为木薯、水稻、果蔬等的种植和加工，投资目的地包括越南、柬埔寨、缅甸、老挝等东盟国家。投资项目包括越南归仁木薯产业项目、广西国宏柬埔寨大米加工项目、缅甸丰源生态农业有限公司、中国-柬埔寨农业促进中心、金谷集团有

① 《我国首次在柬举办援外培训“走出去”项目》，中华人民共和国驻柬埔寨大使馆经济商务参赞处网站，http://cb.mofcom.gov.cn/article/zxhz/tzdongtai/201511/20151101164574.shtml。

限公司（柬埔寨）等[1]。广西旺旺大农牧有限公司在文莱巴东地区实施中文合作研发水稻试验示范项目，在文莱试种文莱本地水稻品种莱拉，平均每公顷产量5.41吨，高出文莱自种每公顷最高产量2.41吨。广西万川种业有限公司在越南推广杂交水稻，帮助越南提高水稻单产6%以上。广西壮族自治区农业厅在柬埔寨实施户用沼气示范与推广项目，深受当地群众的欢迎。云南省海外投资有限公司在老挝、柬埔寨和缅甸等国开展水稻种植、加工和销售。在老挝的投资包括万象的赛色塔综合开发区和乌多姆塞的年产能6万吨的饲料加工厂，在柬埔寨金边投资建设20万吨大米加工项目，在缅甸建设高产优质水稻试验示范田20多公顷。

此外，中国其他省份也利用自身特点，加大对东盟国家的投资。吉林于2007年正式启动了与菲律宾的玉米合作项目，同菲律宾政府签订了153万公顷宜农土地开发协议。由吉林富华公司通过租赁菲律宾方耕地，在菲律宾6个省建设吉林玉米生产基地。中菲玉米合作项目签订的土地使用期限为25年，租期满后，在双方互利的前提下，可再续租25年。2004年3月，重庆市政府与老挝签订了中国重庆（老挝）农业综合园区项目合作协议，重庆市的农业企业在政府的引导和帮助下，到老挝租地，合作建立农业综合园区。农业综合园区规划面积5000公顷，总投资498万美元，包括种植业、水产业、加工业等7个具体项目。项目还将输出10000名劳务人员到老挝种地，发展农业生产和加工。2008年12月，中国重庆（老挝）农业综合园区二期项目与老挝万象市赛塔尼县政府签订3万亩土地、租期30年的合作协议，并在园区内启动水稻、花卉种植，大米加工厂及园区配套等项目。

东盟国家中泰国到中国进行投资的时间相对较早，泰国的正大集团就是较早进入中国的企业。在广西南宁，泰国正大集团与当地合作建设了正大生态农业示范村；此外顺和成集团、波·乍仑攀集团等泰国最为著名的农商集团在中国都有较大规模的投资。马来西亚、印度尼西亚和菲律宾对华农业投资相对比较少，主要集中在广东、福建等地，这些投资主要是食品加工饲料等，项目规模较小，主要企业有印度尼西亚的三林集团、金光集团，马来西亚的郭氏兄弟集团，菲律宾的上好佳食品有限公司等。新加坡在华投资粮食领域的公司主要是益海嘉里公司，这家公司在从事油脂项目的基础上进军小麦、大米、棉花、大豆等粮油深加工项目，在粮油方面创建了多项品牌，此

① 《广西农企境外投资钟爱东南亚》，《国际商报》2013年11月27日。

外它在中国东北建设玉米机大米加工基地，目前在中国东北已经建立了较为完善的粮油业务网络。它还依靠国内粮食种植优势，大力发展水稻循环经济及杂粮产品，设立种业公司，发展从种子的研发、良种的推广、订单种植到订单收购的完整链条。

第三节 中国与东盟国家粮食贸易合作与粮食安全危机干预性合作

一、中国与东盟国家粮食贸易合作

1. 中国与东盟国家粮食贸易现状

2008年以来，尤其是中国-东盟自由贸易区建立之后，中国与东盟各国在粮食贸易方面的合作进一步加深，这主要表现在：一是粮食贸易额的增加。如表5-6所示，2004年中国与东盟九国（除文莱）谷物贸易额为4.09亿美元，2014年增加为14.8亿美元，比2004年增加了262%；2004年中国与东盟九国谷物贸易额占当年中国谷物总贸易额的13.80%，2014年增加为22.36%，增长了8.56个百分点。二是贸易逆差的扩大。2004年中国与东盟九国的出口额为1.66亿美元，进口额为2.43亿美元，贸易逆差为0.77亿美元；2014年出口额为5062万美元，进口额为14.3亿美元，贸易逆差为13.79亿美元。从中国与东盟各国谷物贸易情况看，中国与泰国谷物贸易平稳，中国一直处在逆差状态。2004年泰国与中国的进口额为260万美元，出口额为2.23亿美元，顺差为2.20亿美元；2015年进口额为46万美元，出口额为4.72亿美元，顺差达4.72亿美元。越南与中国的谷物贸易在2004—2009年都处在逆差状态，逆差额在2000万～7000万美元。从2010年开始，越南对中国的谷物贸易出现顺差，2014年顺差额为8.6亿美元。柬埔寨、缅甸、老挝与中国的谷物贸易都是贸易顺差，但在2010年之前双方的贸易量比较小，2010年之后这些国家与中国的谷物贸易量迅速扩大，顺差也进一步扩大。印度尼西亚、马来西亚、菲律宾、新加坡与中国的谷物贸易处于逆差状态，其中中国对马来西亚的谷物出口额在20世纪90年代末基本上维持在1亿美元以上，2002年达到2.6亿美元，之后逐年下降，到2008年以后下降至100万～300万美元。

表5-6 中国与东盟国家谷物贸易额

单位：万美元

年份	泰国		越南		柬埔寨		缅甸		老挝		马来西亚		印度尼西亚		菲律宾		新加坡	
	进口	出口	进口	出口	进口	出口	进口	出口	进口	出口	进口	出口	进口	出口	进口	出口	进口	出口
2004	260	22370	3992	1923	0	—	—	35	—	11	4170	—	4291	9.7	3804	0.01	38	—
2005	114	19486	3746	1258	—	0.02	2.8	93	6.6	43	7876	1.5	153	—	2438	0.09	39	—
2006	107	27737	4720	1252	—	0.30	360.0	106	—	291	6891	0.5	1818	—	7778	9.60	80	0.3
2007	175	21606	9506	1693	0	—	115.0	202	—	348	13689	23.0	17866	1.6	4619	9.50	123	0.7
2008	210	16079	4501	153	0.2	—	499.0	476	—	553	1211	0.4	6771	0	1398	0.27	123	0.7
2009	143	21350	3984	829	0.3	—	23.0	566	3.0	1493	132	0.4	1461	—	697	1.08	127	0.3
2010	224	22421	4259	5556	0.9	3.20	13.0	530	—	1280	196	—	1358	—	464	—	221	0.7
2011	530	23538	5136	16072	3.3	20.60	73.0	613	5.1	11992	233	0.8	1688	—	551	0.02	119	3.4
2012	237	15807	3988	90364	—	580.00	0.2	648	29.0	2155	284	—	1500	—	671	—	138	0.7
2013	262	25201	4035	90381	0.2	2496.00	0	942	14.0	3286	226	1.1	954	—	481	—	40	0.1
2014	116	44505	3401	89518	12.0	3059.00	12.0	1468	46.0	4407	325	0.2	673	—	450	—	77	37
2015	46	47207	—	—	—	—	—	—	—	6232	146	1.2	—	—	1361	—	92	9.7

数据来源：FAOSTAT。

表5-7　中国与东盟国家大米贸易额

单位：百吨

年份	泰国		越南		柬埔寨		缅甸		老挝		马来西亚		印度尼西亚		菲律宾		新加坡	
	进口	出口	进口	出口	进口	出口	进口	出口	进口	出口	进口	出口	进口	出口	进口	出口	进口	出口
2004	0	7174	380	408	—	—	—	—	—	3.4	0.3	—	1.1	—	0.9	—	8.3	—
2005	0	5181	419	266	—	—	—	0.4	—	3.0	0	—	0	—	6.5	—	6.4	—
2006	1.0	6718	348	432	—	—	9.7	0.2	—	43.0	3.6	—	1.0	—	256.0	—	13.0	—
2007	3.4	4528	428	427	—	—	10.0	—	—	43.0	8.4	0.5	9.0	—	56.0	—	16.0	—
2008	2.5	2473	561	30	—	—	100.0	28.0	—	43.0	0.6	—	33.0	—	29.0	—	18.0	—
2009	1.1	3438	430	207	—	0.50	5.7	2.8	—	170.0	5.7	—	51.0	—	18.0	—	32.0	—
2010	0.5	2924	516	1257	—	4.50	0.3	24.0	—	68.0	3.5	—	36.0	—	17.0	—	24.0	—
2011	4.3	3032	645	3090	—	1.56	13.0	11.0	—	74.0	0.5	—	46.0	—	15.0	—	6.2	—
2012	0	1762	—	—	—	68.20	0	62.0	—	224.0	0.1	—	30.0	—	18.0	—	35.0	—
2013	0	3275	409	21563	—	283.00	—	70.0	—	174.0	0.2	—	6.3	0.9	48.0	—	10.0	—
2014	0	7347	452	20208	2.7	427.00	1.5	95.0	—	178.0	0.1	—	14.0	—	20.0	—	27.0	—
2015	0	9583	72	17942	—	1118.00	—	132.0	—	523.0	0.2	2.5	—	—	44.0	—	13.0	13

数据来源：FAOSTAT。

从谷物贸易具体分类看，中国与东盟国家谷物贸易的大宗贸易主要集中在大米贸易上。如表5–7所示，2004年中国与东盟九国（除文莱）大米贸易量为79.7万吨，2014年增加为288万吨，增长了260%。2004年中国与东盟大米贸易量占中国大米总贸易量的比重为39.9%，2014年的比重为59.5%。在东盟国家中，泰国、越南、柬埔寨、缅甸、老挝是与中国开展大米贸易的大国，其中泰国长期保持着对中国大米的贸易顺差，在2010年之前是东盟国家中对中国大米出口的第一大国，但在2010年之后，越南、柬埔寨、缅甸、老挝对中国大米出口迅猛增加，2011—2014年越南超越泰国成为对中国大米出口的第一大国。

2. 中国与东盟国家粮食贸易比较优势

中国与东盟国家皆是以大米为主食的国家，是大米主要生产区和消费区，在粮食生产上具有一定趋同性。本研究采用显性比较优势指数来测量中国与东盟国家在粮食产品方面的比较优势。显性比较优势指数是由美国经济学家巴拉萨1965年提出来的一个具有较高经济学分析价值的比较优势测度指标，被世界银行等国际组织广泛采用。它表达了一国总出口中某类商品的出口所占比例相对于世界贸易总额中该商品贸易所占比例的大小。它可用公式表示为：$RCA=(X_i/X_t)/(W_i/W_t)$，式中X_i表示一国某商品出口值；X_t表示一国商品出口总值；W_i表示世界某商品出口值；W_t表示世界商品出口总值。该公式的经济学含义是：$RCA>1$，说明该国该类商品的出口相对集中，该国在这类产品上具有一定的比较优势；$RCA<1$，则相反；$RCA=1$，则说明该国该类商品的出口既无显性比较优势，又无显性比较劣势。由于中国与东盟国家工业化发展程度不一，国家贸易结构的变化对计算农产品的显性比较优势指数有一定的影响。如果一国的工业发展较快，出口增长速度快，农产品出口额在整个出口额中的比例就会变小，从而导致计算的显示比较优势指数偏小；反之，如果工业发展较慢，主要以农产品出口的落后国家农产品出口额比较大，计算出的农产品显性比较优势指数偏高，就会产生一定的误差。为了缩小由贸易结构的变化带来的误差，本研究在计算各类农产品的显性比较优势指数时进行了一些调整，将两个括号内分母所表示的所有商品的出口总值改为农产品的出口总值，即仅考虑在农产品中的份额，公式调整如下：

$$RCA_{ij}=(X_i/X_{it})/(W_j/W_t)$$

其中RCA_{ij}表示i国第j种农产品的显性比较优势指数；

X_i表示i国第j种农产品的出口值；

X_{it}表示i国所有农产品的出口总值；

W_j表示世界第j种农产品的出口总值；

W_t表示世界所有农产品的出口总值。

为了对中国和东盟国家粮食贸易的发展情况有全面的了解，本研究首先选取了中国和东盟国家粮食贸易的总值进行*RCA*指数测算。中国地少人多，是粮食需求大国。但随着我国城市化、工业化进程的加快，耕地面积以惊人的速度减少，粮食播种面积越来越少，粮食生产比较劣势明显。如表5–8所示，2004—2013年10年间，中国谷物*RCA*值小于1且呈不断下降的趋势，2005年为0.90，2013年下降至0.14，这说明中国谷物的出口从整体上已经丧失了国际比较优势。在东盟各国中，泰国、越南、柬埔寨、老挝四国在农业上具有相对富饶的土地和廉价的劳动力，具有比较优势和市场竞争力。2004年以来，这四国谷物产品的*RCA*值均大于1，谷物出口值占了东盟国家谷物出口总值的90%以上；马来西亚、印度尼西亚、菲律宾、新加坡四国谷物的*RCA*值都在0.1以下，在出口中表现出比较劣势。

表5–8　中国与东盟国家谷物显性比较优势

年份	中国	泰国	越南	柬埔寨	缅甸	老挝	马来西亚	印度尼西亚	菲律宾	新加坡
2004	0.52	3.05	3.73	1.35	2.00	1.39	0.03	0.03	0.01	0.14
2005	0.90	2.74	5.54	1.04	2.24	1.83	0.03	0.05	0.02	0.19
2006	0.61	2.45	4.12	1.24	1.48	4.98	0.02	0.02	0.03	0.14
2007	0.78	2.28	3.00	1.52	1.47	2.17	0.01	0.03	0.03	0.12
2008	0.21	2.63	3.72	4.70	1.50	2.47	0.01	0.02	0.04	0.06
2009	0.24	3.01	4.29	3.41	1.82	4.26	0.01	0.02	0.03	0.08
2010	0.19	2.62	3.89	4.10	2.04	4.10	0.01	0.02	0.03	0.10
2011	0.16	1.99	2.91	3.28	1.99	2.37	0.01	0.01	0.02	0.11
2012	0.12	1.60	2.73	4.02	1.02	2.36	0.01	0.01	0.02	0.11
2013	0.14	1.66	1.84	4.97	1.38	3.20	0.02	0.02	0.02	0.11

从大米的显性比较优势看，如表5–9所示，中国大米*RCA*值在2004—2009年基本上保持在0.7以上（除2005年外），其中2006年为1.08，但之后便呈下降态势，2013年为0.44。泰国、越南、柬埔寨和缅甸的大米*RCA*值在2004—2013年都大于1，其中越南和泰国的优势更为明显，2004—2010年，两

国大米的 *RCA* 值都在两位数，但2010年以后，受到柬埔寨、缅甸、老挝的影响，*RCA* 值有所下降。上升态势比较迅猛的是柬埔寨，2004年为2.37，但是到2013年已经上升为26.01。马来西亚、印度尼西亚和菲律宾作为经济作物大国，在大米出口中表现出比较劣势，除少数年份外 *RCA* 值基本上都在0.05以下。新加坡的显性比较优势指数在0.3左右。

表5-9　中国与东盟国家大米显性比较优势

年份	中国	泰国	越南	柬埔寨	缅甸	老挝	马来西亚	印度尼西亚	菲律宾	新加坡
2004	0.78	15.21	19.37	2.37	4.21	5.62	0.01	0	0	0.36
2005	0.65	12.89	26.53	1.73	5.85	7.49	0.01	0.05	0	0.55
2006	1.08	11.65	20.24	2.92	4.75	19.52	0.01	0	0	0.38
2007	0.96	12.30	16.79	1.40	4.17	8.02	0	0	0.04	0.35
2008	0.73	13.56	19.89	2.25	5.37	9.93	0	0	0.05	0.06
2009	0.74	12.15	18.18	7.98	7.45	17.57	0	0	0.01	0.13
2010	0.53	11.02	16.82	10.13	7.40	15.64	0	0	0	0.20
2011	0.46	9.74	14.70	15.93	6.47	8.50	0	0	0.02	0.35
2012	0.31	8.27	14.42	20.42	3.41	8.29	0	0	0.02	0.38
2013	0.44	8.33	9.62	26.01	4.48	11.60	0.01	0	0.06	0.42

二、中国与东盟国家粮食安全危机干预性合作

中国与东盟国家粮食安全危机干预性合作属于危机紧急救助项目，是区域内预防粮食危机的直接多边机制，这主要包括大米紧急储备库、粮食安全信息系统及预警系统。

1. 大米紧急储备库

早在1979年东盟提出建立大米紧急储备库的设想，但储备量只有8.7万吨，仅相当于东盟国家一天消费量的40%、总需求量的10%，而且该模式最初只是指拨储量，直到2000年后才发展成为在该区具体存在的实物储备。2002年，在东盟+中日韩（10+3）农林部部长会议上，日本、泰国提出开展东亚大米紧急储备试验的建议，旨在确保本地区的粮食安全和大米价格的稳定。该试验在2004年开始实施后，经过三次延长，至2010年2月结束。2011年10月，东盟与中日韩在印尼的雅加达正式签署协定，建立东盟与中日韩“10+3”大米紧急储备

（APPTERR），以稳定大米市场价格，确保区域粮食安全，向贫困和受灾害人口提供粮食援助，并加强成员国在大米贸易方面的信息交流。该项目大米储备方式分为两个部分，即专项应急大米储备和库存应急大米储备。专项应急大米储备共78.7万吨，由13个成员国共同筹集，其中日本25万吨、中国30万吨、韩国15万吨、东盟国家8.7万吨。在东盟国家中，泰国提供1.5万吨大米储备，越南和缅甸各1.4万吨，印尼和菲律宾各1.2万吨，马来西亚6000吨，新加坡5000吨，文莱、老挝和柬埔寨各3000吨。该部分大米由各国仓库专储保管，可以迅速地用于人道援助。库存应急大米储备是由成员国以现金（称为"储备现金"）和实物大米库存（称为"储备大米"）的形式自愿捐赠，不要求专储专用，只要保证需要时能够提供相应数量的大米即可。

"10+3"紧急大米储备的大米有三个来源，第一是商业购买的大米，第二是优惠贷款购买的大米，第三是无偿捐赠的大米。在运作资金上，所需资金为400万美元，其中中日韩分别捐赠100万美元，东盟十国共捐赠100万美元，该资金可在5年内分期提供。此外，中日韩每年各需提供7.5万美元的项目运作费用，东盟十国联合提供7.5万美元的项目运作费用。"10+3"紧急大米储备的执行机构是APPTERR理事会和秘书处，理事会由来自每个成员国的一名代表组成，秘书处设在位于泰国曼谷的农业合作部农业经济办公室。

2011年12月，APPTERR首次动用紧急大米储备资金援助泰国洪水灾民，此次日本出资5万美元购买泰国大米，并通过泰国红十字会等机构交给泰国灾民。2013年菲律宾遭强台风"海燕"重创，菲律宾政府提出了紧急援助的请求，中国是向菲律宾灾区提供了800吨大米的紧急援助。2019年11月，韩国向老挝捐赠了500吨大米，以帮助老挝受热带风暴袭击的5个省数十万民众。2020年3月，日本通过APPTERR向缅甸捐赠300吨大米援助若开邦因族裔群体冲突而流离失所的民众。

2. 粮食安全信息系统及预警系统

1998年，东盟第20次农林部部长会议通过了指导今后5年的《东盟粮食、农业和林业战略行动计划》（1999—2004年），提出了建立区域粮食安全信息系统的计划，2002年10月经东盟＋中日韩（10+3）农林部部长会议决定建立东盟粮食安全信息系统（AFSIS），2003年该项目正式启动，旨在促进东盟国家粮食安全的规划、评估、检测和实施。该系统主要由泰国通过其农业合作部农业经济办公室组织协调和领导实施。日本是这一项目唯一的技术和资金援助国。2004—2007年是该系统建设的第一阶段，但此时的AFSIS只是以短期项目的形式存在。在2009年东盟第14次峰会上，东盟十国首脑共同确定了5年期（2009—2013年）的东盟粮食安全一体化框架和战略进程，决定建立东盟粮食安全信息系统和粮食安全预警系统[①]。建成之后的东盟粮食安全信息系统主要包括两部分内容。首先为人力资源能力建设，主要通过培训、研讨会和国别讲座等活动为东盟成员国培训相关人员，使他们具备处理和分析粮食安全信息数据的能力。在系统建设的第一阶段，主要是通过举办国别讲座分别培训相关人员；在第二阶段，人力资源能力建设的重点是成员国之间的技术合作，即在必要时成员国中相对发达的国家通过举办培训班和技术视察的方式帮助其他国家建设AFSIS。其次为信息网络系统开发，主要是指包括数据库在内的区域粮食安全信息网络建设，成员国的各个组织可以通过这一网络发布和获取粮食安全的相关信息，用于各自的政策决策和执行。项目为各个国家提供应用软件以及电脑、打印机等硬件设备。在第二阶段，这一项目将重点置于强化数据库和数据分析[②]。

2012年以后，AFSIS开始形成一个长效机制，AFSIS秘书处设在泰国曼谷，它的主要工作就是帮助东盟成员国培训农业数据处理人员和处理分析各国提交的粮食数据。每年东盟十国和中日韩都要向AFSIS提交本国的大米、玉米、大豆、甘蔗和木薯5种作物数据，内容包括种植面积、收获面积、投产和产量、批发价格，还有各国农业劳动力、农产品贸易、国内生产总值、粮食供求平衡、土地利用、生产成本等方方面面的信息。在这些数据的基础上，AFSIS对区域内粮食安全情况进行宏观分析，每半年形成两份报告，分别是《农产品展望报告》和《早期预警信息报告》。前者是对区域内国家农作物以及农产品现状和预期的分析，包括某一种作物的面积、产量、消耗、库存、价格、进出口等；后者则是对可能出现的情况，如粮食短缺等提出预警，包括投入产出失调、土地受损面积等数据信息。东盟粮食安全信息系统的建立，对于保障区域内的粮食安全具有重要意义，掌握了这些信息后，各国政府可以依据这些信息制订粮食安全计划以及粮食生产和储备政策，同时可以监控粮食供应和价格，防止出现大规模波动[③]。

① ASEAN, "Statement on Food Security in the ASEAN Region," http://www.asean.org/images/archive/22341.pdf.

② http://www.afsisnc.org/aboutus.

③ 《东盟：数据监测加固粮食安全"堤坝"》，《人民日报》2015年7月3日第22版。

第四节　中国与东盟国家粮食安全合作的困境

2008年粮食危机以后，粮食安全合作已经成为中国与东盟区域合作的优先议题之一，在合作的机制及议程方面都取得了巨大进展，但2011年洪灾对东盟各国大米价格造成冲击说明东盟各国在粮食安全方面相互支持与救助的能力仍十分有限。从总体上看，中国与东盟国家粮食安全合作在合作机制和内容方面都存在一定问题。

一、中国与东盟国家粮食安全合作机制方面的问题

从多边合作机制看，目前中国与东盟国家在粮食领域构建了多层次的多边区域合作机制，但是中国和东盟“10+1”、中日韩和东盟“10+3”及大湄公河次区域合作基本上是各自为战，之间没有明显的等级与分工，更重要的是缺乏一个切实有效的日常合作机制用于沟通与协调。中国正努力将“10+3”粮食安全合作圆桌会议建设成为区域内粮食安全日常合作机制，至2019年底已经成功召开了九届会议，但该机制仍然务虚色彩浓厚，因为会议还是停留在对话交流上，并未设立固定的机制且机构并未开展稳定的项目合作①。多边合作存在的另一个问题是中国与其他国际组织的合作还不够。如中国在亚洲开发银行的支持下开展湄公河次区域农业信息网络的建设，但是亚洲开发银行正在逐渐减弱对中国与东盟国家农业合作的支持力度。中国与其他组织或机构，如联合国粮农组织、世界银行、国际水稻研究所等还未有效地建立与东盟国家进行农业合作的机制。

从双边合作机制看，中国与东盟国家的粮食合作双边机制存在的主要问题是缺乏化解粮食危机的实际领导能力。从中国与东盟国家的关系看，粮食与农业的合作都属于低级政治，双方建立的双边农业合作工作组的级别并不高，一旦出现由粮价暴涨、粮食减产引发的粮食危机，双边农业合作工作组由于级别不高无法解决实际问题。而且一些工作组也流于形式，不能取得实质性成效。截至2008年底，在中国与柬埔寨、菲律宾、老挝、马来西亚、缅甸、泰国、越南、印度尼西亚8个东盟国家建立的11个双边农业或渔业合作联委会

① 崔海宁:《东亚粮食安全合作进程: 机制建设、问题与中国对策》,《东南亚研究》2013年第5期,第56页。

（工作组）中，能正常召开工作会议的只有4个，粮农合作双边机制流于形式，这样不但浪费了双方的人力、财力、物力，还会进一步影响双方后期更深入的合作，使得双方合作很难向更深入的层次发展。

二、中国与东盟国家粮食安全合作内容方面的问题

1. 生产性合作项目综合效益不突出

为了推动东盟国家的粮食生产，中国与东盟国家开展了多个合作项目，但是这些项目在推进中出现了一些问题，主要表现在：一是缺乏统一的战略规划，多头管理。从中国方面看，中国与东盟国家农业合作涉及多个职能部门和省份（自治区）如农业部、外交部、商务部、科技部及广西、云南、湖南等地方省份（自治区），开展合作的主体包括各地方、各部门、各单位和企业。多个政府职能部门管理容易造成合作项目和活动重复设置，造成资源浪费。如农业部、商务部、科技部都与菲律宾开展了水稻领域的技术合作，但由于事前缺乏联系与沟通，这些合作存在项目和活动重复设置的问题。中央和地方缺乏协调，也容易造成项目的重复。中国与东盟国家开展农业合作的省份（自治区）主要有广西、湖南、四川、云南等，特别是和东盟国家接壤的广西、云南。地方政府除了承担部分国家与东盟国家农业合作项目，还自主与东盟国家开展了一些农业项目。地方政府与东盟国家开展农业合作丰富了中国与东盟国家农业合作内容，也加大了双方合作的力度。但是由于缺乏协调沟通，地方政府和东盟国家开展的一些农业合作项目与中央开展的项目出现重复，不仅造成了资源的浪费，还在一定程度上造成了地方与中央在开展合作项目上的竞争关系，这样不利于中国从整体上与东盟国家进行合作。二是项目可持续性不够。与中国进行粮农合作的一些东盟国家自身经济发展程度并不高，合作资金基本上是由中国提供的。而国内合作主体的分散导致资金的分散，使项目无法形成规模效益。2008年，农业部国际合作司在外交部亚洲合作专项资金的支持下开展了8个项目，总资金365万元，每个项目平均投资额只有45万元左右[①]。农业投资的特点在于前期成本投入大，回收期长，小型项目往往因为资金短缺而失去可持续发展能力。例如，2005年中国相关公司在泰国举办杂交水稻技术培训班，以培训杂交水稻技术人员和进行小面积推广示范为目的，取得了很好效果。但

① 陈前恒、吕之望：《中国与东盟农业合作状况与展望》，《东南亚研究》2009年第4期，第48页。

因为种种因素却没有了后续，这样就浪费了大量的人力和物力。一般一个品种在某个国家审定并试验示范3年后可推广，但由于没了后续跟进，便前功尽弃了。另外，境外农业合作技术人员的独立工作能力欠缺和硬件设备支持及维护不够也是造成项目可持续性不高的原因之一。三是中国与东盟国家的粮农合作主体以政府为主，以企业、民间为主体开展的活动很少，政府组织的各项农业合作项目没有与农业企业“走出去”相结合，合作方式缺乏互补性，如政府开展的农业合作示范项目主要由农业部、商务部、外交部等国家机关牵头以及由地方政府部门承担，合作国双方企业并未参与进去，这样农业合作示范项目就难以实现商业化生产，造成项目后续发展能力不足。同时，到中国接受培训和学习的人员回国后未参与境外示范项目的开发，而参与开展示范项目的工作人员又没有机会来中国培训，人力资源的开发、技术人员的培训并没有发挥应有的作用，没能和境外农业示范项目有效结合起来，也没能利用这些技术人员为企业服务。

从东盟国家方面看，存在的问题包括：一是各国对中国主导的粮食生产与农业合作项目缺乏主动性，在已经完成或正在执行的项目中，极少主动提出合作项目，对于执行中的项目也很少给予配套资金的支持①。二是对于一些技术合作设置障碍。如杂交水稻在东盟国家的引进和推广中，一些国家会在关税、动植物检疫等方面设置壁垒，导致中国的杂交水稻在东盟国家的推广不畅。三是一些国家市场经济机制不完善，基础设施建设落后，影响了中国企业在粮食领域的投资。

2. 粮食贸易合作存在制约

中国–东盟自贸区在建设伊始农业便被作为双边合作的首选，“零关税计划”的实施带来的是农产品关税的大幅度削减，庞大的市场规模和经济增长潜力又为中国与东盟的粮食贸易提供了巨大市场，2001年以来东盟国家与中国进出口粮食贸易量逐年增长，2008年粮食危机后中国更加紧了与东盟各国的粮食贸易合作，粮食贸易量不断增加。尽管如此，中国与东盟国家粮食贸易合作仍存在制约因素。

一是粮食贸易呈现出非均衡发展的特征。非均衡性表现之一是中国与东盟国家粮食贸易合作主要集中于中南半岛的几个国家：泰国、越南、柬埔

① 卢肖平：《同心协力 化危为机 共创未来——论中国–东盟农业合作》，《世界农业》2010年第1期，第5页。

寨、缅甸和老挝。2015年中南半岛五国与中国粮食贸易额为1.379亿美元，占中国与东盟国家粮食贸易总额的比重为98.57%，占中国粮食贸易额的比重为14.3%。中国与东南亚群岛国家马来西亚、印度尼西亚、菲律宾、新加坡的粮食贸易额仅占中国与东盟国家粮食贸易额的1.5%。非均衡性表现之二是在中国与东盟国家粮食贸易中，中国一直处在逆差状态。2015年中国从东盟国家进口粮食额为1.357亿美元，出口粮食额为4242万美元，贸易逆差额为0.9328亿美元，占当年中国粮食贸易逆差额的比重为14.37%。

二是粮食贸易主要集中于初级产品，粮食加工贸易不够发达。中国与东盟国家粮食贸易主要集中于HS10类中，粮食深加工产品不够发达。

三是粮食贸易存在壁垒。由于粮食产品自身的特殊敏感性，各国倾向于推行农产品贸易保护主义政策，通过关税、补贴、许可证等一系列政策和手段，干预大米的生产和贸易。如表5-10所示，中国-东盟自由贸易区虽然已经运行，但大米的关税依然高企，中国、马来西亚、菲律宾、印度尼西亚等国都将大米等粮食产品放入敏感产品清单甚至高度敏感产品清单中。此外，非关税壁垒盛行，有关非关税壁垒削减协议落实的情况并不乐观。如印度尼西亚对大米实行进口许可，要求进口商只有从农业部取得批文具备“推荐”资格，才能再申请相关的进口批文，如不执行规定将被禁止进口。此外，印度尼西亚还规定进口只能从苏加诺-哈达机场、棉兰市勿拉湾港口、望加锡港口、泗水市丹戎佩拉克港口等4个指定关口通关。马来西亚则实行了国家大米公司对大米进口的垄断。新加坡实行大米进口许可，且规定进口大米要在政府的仓库储藏。文莱对大米与糖果的进口则要通过政府间谈判。柬埔寨对农产品与药物进口许可及标签亦有特殊要求等。

表5-10 中国与东盟国家粮食贸易壁垒

国别	关税壁垒	非关税壁垒
中国	大米为敏感产品，实行关税保护	—
马来西亚	大米为敏感产品，实行关税保护	国家大米公司垄断大米进口
印度尼西亚	大米为敏感产品，实行关税保护	对大米实行进口许可证制度，并指定关口通关
菲律宾	大米为敏感产品，实行关税保护	—
文莱	—	大米进口由政府间谈判进行
柬埔寨	—	农产品进口的特殊要求

3. 危机干预性合作能力不足

“10+3”紧急大米储备和东盟粮食安全信息系统是东盟国家干预粮食危机的两大支柱。从这两大支柱看，都存在一定问题。首先东盟国家与中日韩大米紧急储备量太低，远远不能满足实际需求。粮食储备被统称为“缓冲储备”，是指粮食从流通过程暂时沉淀、蓄积下来，起到缓冲作用的部分，在数量上表现为最低粮食库存。它有两方面的作用：一方面降低市场价格的波动幅度，另一方面均衡粮食市场的供求关系。联合国粮农组织认为各国的粮食安全线是当年粮食社会库存量应占全年粮食消费量的17%～18%，其中后备储备应占5%～6%，主要用于应对自然灾害和其他突发事件，周转库存应占12%，主要用于调控市场。根据“10+3”紧急大米储备协议，用于紧急援助的大米储备是78.7万吨。2001—2009年东盟国家年均大米消费量为9771万吨[①]，相当于日平均消费26.8万吨，78.7万吨大米储备不足东盟国家3天的消费量，可谓杯水车薪。从东盟各国自身的储备看，截至2015年底东盟各国的粮食储备率仅有16.2%，不但低于世界水平，也略低于联合国粮农组织建议的17%～18%的储备率。东盟粮食安全信息系统在建设过程中面临着信息不健全、沟通不畅达的问题。由于东盟国家条件不一，每个国家的统计方式不一，标准也不尽相同，这对信息对接造成巨大困难；还有些国家提供数据不积极，这些都对数据的科学宏观分析产生影响，阻碍了数据体系作用的发挥。

造成上述困境的因素是多方面的，从战略层面上看，中国与东盟国家粮食安全合作困境主要源于两大因素：第一，中国与东盟国家粮食安全合作仍属于低级政治，容易受到高级政治的干扰与影响。从国家安全层面看，粮食安全属于非传统安全，在多数东盟国家的议事日程中其重要性与优先性往往受到传统安全因素的影响。毋庸讳言，东南亚地区领土主权争端和传统安全问题依然存在，而且近年来有进一步激化的趋势，这势必影响区域合作的氛围。同时中国整体实力的提升引发了一些东盟国家的疑虑与担心，这种顾虑也影响到粮食安全合作进程。如一些国家在引进中国的杂交水稻时，因担心自己的水稻品种最后受制于中国而在合作过程中设置一些政策障碍。从国内政治层面看，中国与东盟国家粮食安全合作易受制于国内政治。由于保障本国大米的供应安全对于各执政党保住执政地位十分关键，这使得各国在粮食生产与贸易问题上采取保护主义政策，不愿在有关粮食生产、价格、储备等敏感数据资料问题上进行

① 依据美国农业部的数据整理。

合作与交流，其结果是东盟国家在开展粮食贸易时仍无可靠的信息作为基础。而一些国家执政党的变更或者领导人的轮换，也会影响粮食安全合作进程。如泰国政局的动荡导致英拉政府与中国签订的大米换高铁的项目受阻。第二，中国作为区域内大国提供公共物品的战略意愿不足。在中国与东盟粮食安全合作中，中国作为区域大国起着主导性作用，在有关农业生产技术的交流推广及粮食应急机制建立等方面是积极的主导力量。在中国的大力主导下，十几年间，中国与东盟国家已经建立"全方位、宽领域、多层次"的粮食安全与农业合作格局，为维护东盟国家粮食安全和促进农业可持续发展做出了重要贡献。但是，应该看到，长期以来中国一直执行着低调而谨慎、以内部发展为关注重心的"韬光养晦"外交战略。这种外交战略导致中国在与东盟国家开展粮农合作的过程中提供粮食安全公共物品的战略意愿与美日等全球或区域大国相比存在一定差距[①]。中国战略意愿的不足主要表现在：缺乏有关合作的总体布局与规划；在建立紧急粮食储备库等危机干预合作方面慎重而迟缓；用于支持合作项目的资金有限；在推进合作时尊重协商一致的"东盟方式"，不愿对东盟国家在项目的配套与接受程度上做硬性要求；支持中国企业"走出去"在东盟各国租田种粮的政策力度有限；等等。

鉴于中国与东盟国家粮食安全合作困境成因的复杂性，突破困局需各方努力。从中国方面看，突破这一困境的首要战略选择在于提升对粮食安全合作的战略认知，进一步增强提供区域内公共物品的战略意愿。大米是亚洲人口的主要粮食，对于大多数东盟国家而言，低价格的大米作为低工资的条件，对国家工业化与政治稳定有着不可估量的作用，因而各国都把稳定大米价格，保障大米供应作为高度优先议题来处理。粮食安全使人免受饥饿的威胁，是保障"人的安全"的重要组成部分[②]。1999年中菲粮食领域的合作成为化解两国因领土争端而引发的外交危机契机的事例说明，粮食安全方面的合作因为惠及普通民众，所以可以成为增强民众互信与友好的重要切入点。如果中国积极利用自身的农业优势，加大对粮食安全合作的投入，更多地承担起为区域内的粮食安全提供公共物品的职责，对于化解由中国崛起而带来的不信任与不理解、树立中国负责任大国形象具有积极意义。而且由于粮食领域的合作是一种功能性

① 崔海宁:《东亚粮食安全合作进程: 机制建设、问题与中国对策》,《东南亚研究》2013年第5期，第53—59页。

② United Nations Development Programs, *Human Development Report 1994* (New York: Oxford University Press, 1994), p.23.

合作，其务实性的特点使合作双方更易达成共识，其外溢性的特点又使其“有可能外溢至基础设施建设、贸易投资便利化及人员交流等其他相关领域，通过带动其他领域的合作为整个地区进程的深化创造条件和基础”[①]。在具体政策上，在生产性合作方面，应整合资源，重点突出中国先进粮食生产技术的推广，加大对参与合作企业的鼓励和扶持力度，使合作项目更具有可持续性。在贸易性合作方面，中国可以利用自身庞大的粮食生产与库存容量，作为东盟国家粮食安全的减压阀与缓冲器：当粮价低廉时增加进口，扩大库存；当粮价上涨时释放库存。因此中国应该率先降低粮食产品的关税及非关税壁垒，促进粮食贸易自由化的实现。在危机干预性合作方面，应促进东盟国家粮食预警系统的构建，并加大对东盟与中日韩“10+3”大米紧急储备库及运作基金的投入。

① 崔海宁：《东亚粮食安全合作困局与中国的角色》，《外交评论》2014年第1期，第100—102页。

第六章

构建粮食安全命运共同体

2013年习近平主席出访中亚四国和印度尼西亚时提出的丝绸之路经济带和21世纪海上丝绸之路倡议，是涉及经济贸易、政治外交、人文交流等诸多领域的宏伟蓝图，为东盟国家与中国的粮食安全合作提供了新机遇。

第一节 “一带一路”与中国粮企的“走出去”：海外租田种粮战略

中国是一个人口大国，随着居民收入的增长和城镇化水平的提高，粮食消费快速增长，粮食供需矛盾日益突出。为了保障粮食安全，2007年中国政府提出了农业“走出去”的发展战略，2008年进一步提出要“统筹利用国际国内两个市场、两种资源”，中国的一些企业也纷纷走出国门，到海外租赁土地种植粮食作物，实施海外租田种粮战略。

一、海外租田种粮战略与中国粮食安全

作为一个人口多、耕地少的发展中大国，中国解决粮食安全问题无非是通过两条途径：一是保障国内粮食自给率，主要是通过提高国内粮食生产率或者增加种植面积来实现；二是依靠国际贸易增加粮食进口量。然而就目前的情况看，上述途径均遇到瓶颈。首先，就国内而言，受土地和水资源减少、城市化进程加快、需求增长、农业生产收益偏低等因素的影响，国内粮食自给率持续增长的空间受到较大制约。至2015年底，中国的粮食生产已经实现了十二连

增，从2003年的4307亿千克增长到2015年的6214.5亿千克，年平均增长率仅为3.7%，远远低于GDP的增长，2015年中国粮食缺口达200亿千克[①]。有的学者甚至预测中国粮食自给率在2020年和2030年将分别下降到87%和84%[②]。就国际而言，全球粮食供需缺口变大，使得国际市场调剂的空间十分有限，据联合国粮农组织测算，到2050年，全世界玉米、大米和小麦的年需求量预计将达33亿吨，比2014年增加8亿吨，但受气候变化、粮食生产投资回报率不断降低等因素的影响，将进一步限制谷物产量的提升潜力，届时将有5亿人口受到影响。鉴于上述途径在保障粮食安全方面将会显得越来越乏力，中国企业“走出去”，在海外租赁土地种植粮食作物成为一个必然的选择。

从保障我国粮食安全的角度来看，一方面实施海外租田种粮战略有利于解决我国农业资源越来越少、人口越来越多的矛盾，借用海外的农业资源实现我国的粮食安全可持续发展。据联合国粮农组织估计，全球可被用来耕种的土地有57亿公顷，而全球的粮食生产仅占用了大约15亿公顷的土地。显然，合理的借用国际农业资源来助推中国未来的可持续发展，是中国崛起之后实现与国际社会互利共赢的战略选择。另一方面，实施海外租田种粮战略还可以增加我国在粮食贸易和流通领域的话语权，摆脱国际粮商和跨国公司在国际粮食贸易中控制流通权和粮食定价权的局面。以美国阿丹米、美国邦吉、美国嘉吉、法国路易达孚四大粮商为代表的少数跨国公司操纵着世界粮食市场，控制着世界粮食贸易的流通权和定价权。有学者计算，2012年中国农产品进口折合成耕地已达0.67亿公顷，如果以耕地资源折算，虽然以三大主粮为基数计算的粮食自给率为95%，但把以油脂为代表的各类农产品自给量合计在一起的食物自给率低于75%[③]。如果中国放任国际农业资本集团“走进来”，那就意味着中国作为最大的买家却没有定价权，而且在供应链受控于国际农业资本集团的情况下，中国的食物链安全将受到威胁。从国家战略的角度来看，通过开展海外农业投资，可以直接掌握国际粮源，稳定国内的粮食供应，在一定程度上阻断跨国公司的风险转移链条，保障国内粮食安全。

① 陈锡文：《中国粮食产量“多”“少”并存》，中国新闻网，http://www.chinanews.com/cj/ 2016/03-06/7786089.shtml。

② 黄季焜、杨军、仇焕广：《新时期国家粮食安全战略和政策的思考》，《农业经济问题》2012年第3期，第4—8页。

③ 倪国华、张璟、郑风田：《对农业“走出去”战略的认识》，《世界农业》2014年第4期，第15—18页。

就加强国际合作而言，中国企业“走出去”在海外投资种植粮食，可以进一步支持和帮助受援国充分利用土地和资源优势、发展经济、改善当地人民生活、增加当地政府税收。中国粮食企业“走出去”的目的地，绝大多数是发展中国家，一般这些国家土地资源优越，但经济发展程度较低，在这些国家租田种粮可以增加粮食产量，稳定粮食价格，扩大粮食出口，增加农民收入，并进一步密切双边政治经济关系，提升中国的国际影响力。

二、在东盟国家租田种粮的条件

中国与东盟国家地理位置相邻，自古以来就有密切联系。除了文莱和新加坡外其他东盟国家都具有得天独厚的农业资源，日照和降水量都非常适合水稻等农作物生长，土地资源也十分丰富。2012年平均每个农业经济人口耕地面积的占有量，除越南与中国都是0.2公顷/人外，其他国家都高于中国，东盟八国（除文莱和老挝）平均为0.5公顷/人，比中国高出1倍多。除马来西亚、新加坡、文莱外，其余国家都存在大量未开垦的土地。如表6-1所示，2013年柬埔寨常年种植农作物的耕地面积仅为15.5万公顷，仅占农业用地面积的2.6%；可供开垦的耕地面积为414.5万公顷，占农业用地面积的71.5%。老挝常年种植农作物的耕地面积为16.9万公顷，占农业用地面积的比重仅为7.2%，可供开垦的耕地面积为148.9万公顷，占农业用地面积的比重为63.8%。缅甸常年种植农作物的耕地面积为150.9万公顷，占农业用地面积的比重为12.0%，可供开垦的耕地面积为1077.2万公顷，占农业用地面积的比重为85.6%。印度尼西亚可供开垦的耕地面积为2350.0万公顷，占农业用地面积的比重为41.2%。菲律宾可供开垦的耕地面积为559.0万公顷，占农业土地面积的比重为44.9%。泰国可供开垦的耕地面积为1681.0万公顷，占农业土地面积的比重为76.0%。越南可供开垦的耕地面积为640.9万公顷，占农业土地面积的比重为58.9%。

表6-1　2013年东盟国家土地资源情况

单位：万公顷

国家	国土面积	农业用地面积	耕地面积	可供开垦的耕地面积	常年种植农作物的耕地面积	永久草场或牧地面积	森林面积	其他
柬埔寨	1810.4	580.0	430.0	414.5	15.5	150.0	971.1	214.0

（续表）

国家	国土面积	农业用地面积	耕地面积	可供开垦的耕地面积	常年种植农作物的耕地面积	永久草场或牧地面积	森林面积	其他
印度尼西亚	19109.3	5700.0	4600.0	2350.0	2250.0	1100.0	9237.8	3177.8
老挝	2368.0	233.5	165.8	148.9	16.9	67.7	1838.3	236.1
马来西亚	3308.0	783.9	755.4	95.4	660.0	28.5	2216.6	284.9
缅甸	6765.9	1258.7	1228.1	1077.2	150.9	30.6	3013.3	2258.7
菲律宾	3000.0	1244.0	1094.0	559.0	535.0	156.0	756.0	981.7
泰国	5131.2	2211.0	2131.0	1681.0	450.0	80.0	1631.9	1264.0
越南	3309.7	1087.3	1021.3	640.9	382.2	64.2	1451.5	561.8

在农业技术方面，中国的超级稻、矮败小麦、禽流感疫苗等的技术水平在世界处于领先水平。此外，中国在玉米、高粱、大麦等温带谷物的种植方面也具有相对技术优势，农业机械化和信息化水平也普遍高于东盟国家，中国在粮食种植和加工方面的技术优势为我国企业到东盟国家租田种粮提供了技术支撑。

在市场开放方面，东盟各国对农业投资也基本持开放态度，有些国家还出台了一系列鼓励外国投资的政策。柬埔寨属于经济活动高度自由化的国家之一，由美国遗产基金编纂的2003年经济自由度指数显示，在170个国家中，柬埔寨名列第35位，与日本同名次。柬埔寨对外资与内资基本给予同等待遇，政府不实行损害投资者财产的国有化政策，对已获批准的投资项目，政府不直接干涉商业货物或服务的价格，不实行外汇管制，外汇法对任何外汇经营都不设限，包括转账和国际结算。对于农业投资，柬埔寨政府有一系列优惠政策。柬埔寨宪法及其他相关法规规定，用于投资的土地所有权，必须由柬籍的自然人或法人投资者所有。外来投资者可通过长期租赁的方式使用土地，租期为70～99年，期满可申请继续租赁。

1998年缅甸政府开始鼓励缅甸私人企业家投资农业开发，缅甸有关土地使用法规定，外国对缅甸农业投资可一次性租赁5000英亩的土地，如种植多年生经济林木后，可一次性再租赁5000英亩土地，最多可租赁土地面积达50000英亩，租期一次性最长可达30年，如果需要还可续租，续租期限最长可达60年。在税收方面，对于外资有一系列优惠，包括：连续3年免征所得税，凡是商品生产企业，其产品远销国外所得利润的50%减征所得税；企业在开办期间，确因需要而进口的机器、设备、仪器、机器零部件、备件和用于业务的材料，可减免关税或其他国内税或两种税收同时减免；企业成立后的最初3年，因用于生产而进口的原材料，减免征收关税或国内税，或两者都予减免等①。

越南现行法律规定外国投资者不能在越南购买土地，可以租赁土地获得土地使用权，使用期限一般为50年，特殊情况可延长至70年。越南政府鼓励外国投资者与越南政府共同开发国内各农业产区，在特别贫困地区投资种植、养殖和畜牧业的项目将给予免税，使用高科技的农业项目在15年内减税10%。

泰国政府将农业及农产品加工业作为鼓励投资的七大行业之一，泰国投资促进委员会为投资者提供两种形式的优惠政策：一是税务上的优惠权益，主要包括减免所得税、机械和材料进口税等；二是非税务上的优惠权益，主要包括允许引进专家技术人员，允许获得土地使用权，允许汇出外汇等。但是1999年的《外籍人经商法》规定，泰国将种稻、旱地种植列为禁止外商投资的行业，而且泰国对大米的出口征收出口税。

从国家关系层面看，我国与东盟各国农业合作基础牢固，政府间签署了一系列农业合作协议或谅解备忘录，建立了较为完善的合作及沟通机制。《中国与东盟投资协议》的签署和中国-东盟自由贸易区的建成，更使中国与东盟各国形成了比较稳定和开放的投资环境。

综合东盟各国的土地资源优势、粮食资源与潜力、农业技术水平、农业开放政策、政治社会环境及与中国关系等五大方面的内容，对东盟国家进行综合评价，可以得出如下结论（见表6-2）：柬埔寨、缅甸、老挝为第一类国家，这三个国家土地资源潜力巨大、大米生产潜力较好、对我国农业技术有较高依赖性、与我国经贸关系密切。泰国、印度尼西亚为第二类国家。泰国农业资源整体优势明显、开发程度较高、基础设施和经济水平相对较好、与我国经贸关系稳定，但我国大米生产技术对泰国没有突出优势。印度尼西亚可供开垦耕地面积庞大，政局、社会比较稳定，与我国经贸关系密切，但其国内粮食自给率不高，大米贸易潜力不大。最后的选择为马来西亚、菲律宾、越南三国。马来西亚经济相对较为发达，基本设施比较完善，但其土地资源相对没有优势，自身大米自给率不高，大米贸易潜力不大。菲律宾和越南资源整体条件相

① 《外资入缅的税收规定》，中华人民共和国驻柬埔寨大使馆经济商务参赞处网站，http://mm.mofcom.gov.cn/article/ddfg/200304/20030400082360.shtml。

表6-2　东盟国家租田种粮的综合条件评价

国家	土地资源优势	粮食资源与潜力	农业技术水平	农业开放政策	政治社会环境及与中国关系
柬埔寨 22分	可开垦耕地面积为400多万公顷	大米出口新兴大国，土壤和气候适宜水稻种植，稻谷资源潜力较高	农业科技水平较低，我国的育种、生产、加工等农业技术具有相对优势	鼓励外商投资农业，可拥有土地所有权，进出口农产品减免关税，并有系列优惠政策	政局、社会较为稳定，与中国关系密切，鼓励中国企业投资
	4分	4分	5分	5分	4分
缅甸 22分	可开垦耕地面积为1000多万公顷	传统农业国，水稻种植优势较大，配套产业和下游产业滞后	农业科技水平较低，我国的育种、生产、加工等农业技术具有相对优势	鼓励外商投资农业，禁止拥有土地所有权，进出口农产品减免关税，免征3年所得税	政局、社会稳定，与中国政治经贸合作密切
	4.5分	4分	5分	4.5分	4分
老挝 21.5分	可开垦耕地面积为100多万公顷	传统农业国，水稻种植优势较大，配套产业和下游产业滞后	农业科技水平较低，我国的育种、生产、加工等农业技术具有相对优势	鼓励外商投资农业，禁止拥有土地所有权，进出口农产品减免关税，并有系列优惠政策	政局、社会稳定，与中国政治经贸合作密切
	4分	4分	5分	4.5分	4分
泰国 20分	可开垦耕地面积为1600多万公顷	全球重要的水稻出口大国，土壤和气候适宜水稻种植，区位优势明显	稻谷生产及加工技术水平较高，我国部分农业技术具有相对优势	鼓励外商投资农业（稻谷种植除外），可拥有土地所有权，可享受包括减免所得税、进口税在内的优惠，大米出口需征收出口税	政局、社会稳定，与中国政治经贸合作密切
	5分	4 分	3分	4分	4分

（续表）

国家	土地资源优势	粮食资源与潜力	农业技术水平	农业开放政策	政治社会环境及与中国关系
越南 16.5分	可开垦耕地面积为600多万公顷	全球重要的大米出口大国，土壤和气候适宜水稻种植，具有较大发展潜力	水稻生产及农业机械化水平与我国基本相当，我国部分农业技术具有相对优势	鼓励外商投资农业，禁止拥有土地所有权，进出口农产品减免关税，固定资产进口免关税	近年来因南海领土争端出现针对中国企业的排华事件
	4分	4分	3.5	4分	1分
印度尼西亚 20.5分	可开垦耕地面积为2000多万公顷	传统农业国，主要种植经济作物，大米不能完全自给，资源开发潜力有限	农业科技水平较低，我国的育种、生产、加工等农业技术具有相对优势	鼓励外商投资农业，可拥有土地所有权，进出口农产品减免关税，并有系列优惠政策	政局、社会较为稳定，与中国经贸关系密切
	5分	3分	4分	4.5分	4分
菲律宾 17分	可开垦耕地面积为500多万公顷	传统农业国，主要种植经济作物，大米不能完全自给，资源开发潜力有限	农业科技水平较低，我国的育种、生产、加工等农业技术具有相对优势	鼓励外商投资农业，禁止拥有土地所有权，进出口农产品减免关税，税收优惠有限	政局、社会稳定，近年来南海问题导致两国关系趋于紧张
	4分	3分	4.5分	3.5分	2分
马来西亚 17分	可开垦耕地面积为90多万公顷	工业化中期国家，农业以经济作物为主，大米不能完全自给，资源开发潜力有限	水稻生产及加工技术水平不高，我国部分农业技术具有相对优势	鼓励外商投资农业，进出口农产品减免关税，免10年税收	政局、社会较为稳定，与中国经贸关系密切
	2分	3分	4分	4分	4分

对较好，但由于近年来与我国政治经贸关系趋于紧张，对于中国投资而言存在一定风险性，在越南还因南海问题出现了针对华人华商的打砸抢事件，投资的风险较大。

三、在东盟国家租田种粮的风险

1. 政策类风险

租田种粮涉及土地产权管理，这对于多数东盟国家政府和当地农民而言是非常敏感的问题，一些国家的土地管理权限不清，政策不明朗，容易对中国企业投资造成风险；土地的开放会涉及残林、疏林等的清除，这又受到东盟国家政府禁止砍伐森林、保护环境相关规定的制约；很多东盟国家政府更换频繁、腐败现象普遍、政策执行随意性强，但农业投资周期长、见效慢，一旦政府换届或反对党借题发挥、恶意攻击，中国企业就将面临巨大风险。

2. 金融类风险

东盟国家大多数实行严格的外汇管制，有些国家又实行汇率双轨制，官方汇率和自由市场汇率严重背离，这迫使开展投资合作的中国企业有时不得不携带大量现金过境，或交纳较高的交易费，通过地下钱庄进行货币兑换，提高了企业的经营成本[①]。

3. 社会类风险

东盟各国宗教信仰不同，民族习惯不一，一般而言，农村地区的民族宗教情绪更高，农业投资深入东盟各国农村，面临着不同文化交流的风险。一些国家的工会、农会组织发达，也会对外国投资产生影响。此外，东道国社会的动荡、受特殊事件影响而产生的排华倾向等，都是需要防范的社会风险。

① 杨光、张晨、张芸：《农业“走出去”金融政策现状、问题及对策》，《世界农业》2013年第9期，第11—13页。

第二节　从利益共同体到命运共同体

一、“一带一路”倡议：中国与东盟国家粮食安全合作的新机遇

2013年习近平主席出访中亚四国和印度尼西亚时提出“一带一路”倡议。“一带一路”倡议是涉及经济贸易、政治外交、人文交流等诸多领域的宏伟蓝图，为中国与东盟国家粮食安全合作提供了新机遇。

1. 有利于合作机制的优化

如前所述，中国与东盟国家粮食安全合作的机制众多，相互之间缺乏有效的沟通与整合，造成了机制重合、效益不高的困境。“一带一路”倡议作为我国新的对外开放策略，与沿线国家政府间的战略交流是关键。政策沟通可以深化利益融合，促进政治互信，达成区域粮食合作的新共识，形成合作机制之间的融合与优化。

2. 有利于夯实合作的物质基础

在我国的“一带一路”规划中，交通和金融的互联互通是优先发展的领域，互联互通将有利于夯实中国与东盟国家粮食安全合作的物质基础。从设施联通看，多数东盟国家属于发展中国家，公路、铁路、港口以及农田水利设施落后，已成为制约东盟各国粮食生产与流通的瓶颈因素。在我国的“一带一路”规划中，基础设施的互联互通是“一带一路”建设的优先领域，通过加强基础设施建设，形成连接我国与东南亚各区域之间的基础设施网络。这不仅可以为东盟各国提高粮食生产水平创造条件，进一步提升粮食流通能力，也将为大型农业投资项目提供优良的投资基础，逐步形成连接东南亚各区域之间的交通运输网络，为构建跨国粮食现代物流体系创造条件。从资金融通看，资金融通将进一步深化中国与东盟国家的金融合作，推进各国在经常项目和资本项目下实现货币兑换和结算，降低流通成本，增强抵御金融风险的能力。同时资金融通为农业“走出去”提供了重要支撑。“三行一金”：亚洲基础设施投资银行、金砖国家开发银行、上合组织开发银行和丝路基金四个平台，以及地方政府及其他基金的建立、银行等社会资本的融入都将为“一带一路”建设输送源源不断的资金。这些资金对“走出去”的农业企业来说可谓“久旱逢甘霖”。

3. 有利于实现贸易的多元化

在中国与东盟国家的粮食贸易合作中，存在着各种关税及非关税壁垒，

“一带一路”倡议中的贸易畅通目的在于着力解决投资贸易便利化问题，这将有利于消除中国与东盟国家粮食安全合作中的各种隐蔽的非关税壁垒，构建区域内和各国良好的粮食贸易环境，推动粮食贸易的多元化。一是进口来源的多元化。2012年以来，我国开始大量进口大米，越南、泰国、巴基斯坦为三大进口国，其中以越南大米进口量为最大，2012年和2013年从越南进口大米占进口总量的比例在60%～65%之间。在“一带一路”的沿线国家中，东南亚国家和南亚国家都是大米主要生产国，如柬埔寨、缅甸、老挝都具备大米出口能力，这三个国家的政府也致力于推进大米的出口。贸易畅通的推进和与沿线国家贸易壁垒的消除，可以大大改变中国大米进口国过于集中的现象，有利于国家的粮食安全。二是贸易流向的多元化。在中国与东盟国家的谷物贸易中，中国一直处在贸易逆差地位，2014年贸易逆差额达到13.79亿美元，大米、玉米贸易都是贸易逆差。在中国与东盟国家的农业贸易中，中国的高粱、荞麦、大麦具有比较优势，中国的化肥、农药、农业机械等也具有较强竞争力，中国可以借助“一带一路”建设的东风，推进中国杂粮和农药、农具在东盟国家的出口，减少贸易逆差。

4. 有利于拓展合作的形式

2013年10月，中国与泰国签署了《中华人民共和国政府与泰王国政府关于泰国铁路基础设施发展与泰国农产品交换的政府间合作项目的谅解备忘录》，泰方欢迎中方参与廊开至帕栖的高速铁路系统项目建设，泰方将以农产品抵偿部分项目费用。这种合作被中外媒体简称为“大米换高铁”。2014年初，泰国政局发生动荡，英拉政府自2011年起推行的大米补贴政策造成泰国大米出口锐减，引发反对派批评和民众抗议，“大米换高铁”计划也因此受到波及。2014年3月，泰国宪法法院判决已获国会通过的一项2.2万亿泰铢（约合678亿美元）基础设施建设项目违宪，这意味着该项目的核心部分高铁项目也将随之暂停。2014年12月，国务院总理李克强和泰国总理巴育宣布重启“大米换高铁”合作项目，并在原本合作的基础上实现升级。在双方签署的合作备忘录中，拟修建铁路的距离从之前商定的300公里增加到800公里，且全部采用中国装备、中国标准[①]。

“大米换高铁”对于中国与东盟国家粮食安全合作而言具有新符号意义。首先它开创了中国与东盟国家粮食安全合作的新模式。从中国与东盟国家

① 《“大米换高铁”亦具符号意义》，《第一财经日报》2014年12月22日，第A02版。

粮食安全合作的现有模式看，主要包括粮食产生项目合作、粮食贸易合作等，基本上属于资金-技术、资金-商品交换的合作，“大米换高铁”采取的是以物换物的形式，这种合作摆脱了资金支付的环节，减少了现金用量，更有利于发挥两国竞争优势，减少库存。对于中国而言可以在促进中国高铁“走出去”的同时，增加大米库存，进一步缓解我国因工业化和城市化带来的耕地紧张、大食需求增长的压力，以保障我国粮食安全。随着“一带一路”建设“走出去”的不仅有中国的高铁，东盟国家对我国的核电、农业机械等都有强烈需求，以“大米换高铁”这种模式，可以衍生出“大米换核电”“大米换农业机械”等合作形式。从地缘政治层面看，通过基础设施建设来加强中国与东盟国家的互联互通，在中国与东盟国家粮食安全合作过程中也有不可忽视的战略意义。在“大米换高铁”计划中，中国有意参与廊开至帕栖的高速铁路系统项目建设。廊开位于泰国东北部，2009年老挝第一条铁路正式开通，其起点正是廊开。按照泛亚铁路规划，中国将在昆蒙铁路的基础上建立昆明至万象的铁路线。这也就意味着，如果“大米换高铁”计划顺利实施，中国可以连通昆明与帕栖（泰国南部城市，靠近曼谷）。一旦连通帕栖，泛亚铁路基本贯通，可以南通新马，西连缅甸印巴。所以，对于中国而言，这是关乎粮食安全尤其是东南亚棋局的战略部署[①]。

二、提升粮食安全合作水平，构建命运共同体

党的十八大报告提出“要倡导人类命运共同体意识”，2013年10月，习近平主席在印度尼西亚国会演讲中提出“携手建设更为紧密的中国-东盟命运共同体，为双方和本地区人民带来更多福祉”，这标志着“中国-东盟命运共同体”概念的正式提出。命运共同体是涵盖政治、经济、安全、社会和文化等多领域的综合性系统工程，保障粮食安全，维护人民基本生产权力是命运共同体的题中之义。鉴于中国与东盟国家粮食安全合作困境成因的复杂性，突破困局需各方努力。从中国方面看，突破这一困境的首要战略选择在于提升对粮食安全合作的战略认知，从构建中国-东盟命运共同体的高度进一步增强提供区域内公共物品的战略意愿。

首先，需要制定与东盟国家粮食安全合作的整体战略。东盟各国的粮食

① 谭姜山：《大米不再换高铁?》，《经济导刊》2014年第6期，第76—78页。

生产禀赋不同，粮食安全形势不一，中国与东盟国家也存在多种粮食安全合作机制，因此中国与东盟国家粮食安全合作要正确划分合作顺序与重点，制定相应的多层次合作战略。具体而言，柬埔寨、缅甸、老挝可以成为中国与东盟国家粮食安全合作战略布局中的第一层次国家。柬埔寨、缅甸、老挝是现阶段东南亚地区水稻种植拓展潜力较大的国家，种植基础改善空间较大，良种、农机、化肥、农药等生产资料和水稻加工与仓储设施都普遍匮乏，中国可以与这三国在水稻种植、加工仓储与物流等领域进行重点合作。印度尼西亚、菲律宾可以成为中国与东盟国家粮食安全合作战略布局中的第二层次国家。印度尼西亚和菲律宾是东盟国家中粮食安全形势不容乐观的国家，经济发展水平一般，粮食自给率不高。两国水稻生产禀赋优越，但种植技术落后，可以加强与两国在水稻种子、农药、化肥、农机等生产资料领域的合作，围绕当地农户水稻种植需求，通过建设示范与销售中心，进行大规模的推广应用，重点围绕水稻良种的推广，按照良种良法相结合、农机农艺相配套的原则，配套推广相应的化肥、农药、农机等生产资料，并在农田水利等田间基础设施方面展开合作。泰国和越南可以成为中国与东盟国家粮食安全合作战略布局中的第三层次国家。两国水稻种植和稻谷加工水平较高，特别是在加工与出口领域，泰国已探索出了一整套高质量米厂加工技术和操作系统，以及标准的运输系统和出口制度。可以加强与两国在粮食贸易领域的合作，深度参与稻谷加工与贸易环节的合作开发，重点加强港口、铁路运输建设方面的合作，形成粮食安全产业链的合作开发。马来西亚、新加坡、文莱可以成为中国与东盟国家粮食安全合作战略布局中的第四层次国家。这些国家经济发展水平较高，但粮食生产落后，粮食自给率低。中国与这三国粮食安全合作的重点在于建立通畅的贸易通道，减少粮食贸易的关税及非关税壁垒，加强粮食危机干预合作。

其次，统筹国内相关资源。一般而言，一个国家的对外政策都需要面临国内与国际两个交错的场合并在双层博弈中进行。中国与东盟国家的粮食安全合作，从国内层面而言，会涉及不同的部门利益与多样的权责分工，包括外交部、农业部、商务部、财政部、国家发改委、全国人大外事委员会、国家开发银行以及相关各省的地方政府等单位。为了防止政出多门、决策碎片化与分散化及办事效率低下的问题，需要优化决策结构，加强各部门间的沟通、协调与合作，以最少规模的资源支出实现最大限度的效益所得。要完善顶层设计，可以考虑在国家层级设立农业外交协调机制，各部门明确角色定位与职能发挥，真正把农业外交这个“大外交”做好[①]。

再次，加大对参与合作企业的鼓励和扶持力度，在资金和服务方面强化政府职能，使合作项目和合作企业更具有可持续性。在资金方面，应借助“一带一路”倡议的东风，考虑在丝路基金中专门设立农业合作基金，加大对参与粮食生产合作项目的资金支持力度，推动农业企业在东南亚地区建设更多的农业园区，或与东道国重点鼓励的农产品生产企业联合建设形成农业产业园区，融合试验示范、生产加工、仓储物流等多种功能，解决以往合作项目因资金短缺而无法持续的问题。在服务方面：一方面要强化信息共享服务，建立信息咨询平台，提供中国的相关扶持政策与投资指南以及境外农业企业的基本信息等，并促进企业间良好经验的分享，提高中国农业企业在东南亚地区租田种粮的竞争力；另一方面要强化科研服务，因为粮食生产具有严格的地域性，要加强对不同国别的自然条件与社会经济条件下的设施农业产业适应性研究和技术适地性研究，在充分满足合作国的设施农业发展需求的前提下形成科学的指导。

最后，中国在粮食危机干预系统中要充分发挥作用。中国与东盟国家粮食安全合作的危机干预主要围绕中日韩和东盟“10+3”机制进行，在大米紧急储备库和大米紧急储备基金的建设中，中国承担的份额与日韩一致，而东盟粮食安全信息系统及预警系统的建设则由日本和泰国主导，可见中国在危机干预系统中的作用与中国作为世界最大粮食生产国和第二大经济体的地位并不相符。要使中国在粮食危机干预系统中充分发挥作用，一是应该大大提高中国在“10+3”紧急大米储备库及运作基金中的份额，拉开与日韩出资额的差距，彰显大国风范；二是应该建立以中国为核心的干预机制，考虑到东盟粮食安全信息系统及预警系统以日本为技术主导的现实，应加快将东盟与中日韩粮食安全合作战略圆桌会议建设成为区域内粮食危机干预日常机制的步伐；三是充分利用中国国内粮食生产与储存能力，将中国建设成为区域内粮食危机的减震阀和缓冲器，当国际粮食价格低廉时加大粮食的进口，扩大库存，当粮价上涨时释放库存。

粮食是维系人类生存的基本物品，对于大多数经济尚不太发达的东盟国家而言，保障国家粮食安全仍是十分紧迫而棘手的问题。中国虽然自身的粮食

① 陈翔：《浅析“一带一路”建设背景下的中国农业外交》，《现代国际关系》2015年第10期，第48—53页。

生产能力并不高，但作为世界上最大的粮食生产与消费国，中国庞大的生产与库存容量对于东盟国家稳定粮价可以起到减压阀的作用，中国先进的粮食生产技术及管理经验对于提升东盟各国粮食生产率可以起到积极的推动作用。近年来，随着中国的崛起，东亚地区国际力量格局正在改变，这引发了东盟一些国家的忧虑与猜疑。如果中国积极利用自身的农业优势，加大对粮食安全合作的投入，为区域内提供更多的粮食安全公共产品，既可以有效地增进东盟国家在政治上的信任与理解，也可以使中国与东盟国家的经济安全纽带更加牢固，从而共筑更加紧密的命运共同体。

参考文献

一、著作

[1] CHISHOIM A H. Food security: theory, policy and perspectives form Asia and the Pacific Rim. Lesington: Lesington Books and D. C. Heath, 1982.

[2] EICHER C K, STAATZ J M, eds. Agricultural development in the third world. Baltimore: Johns Hopkins University Press, 1984.

[3] ALAVI H R. Trusting Trade and the Private Sector for Food Security in Southeast Asia, Washington: The Word Bank, 2012.

[4] TIMMER P. Food Security Strategies: The Asia experience, Roma: FAO Agricultural Policy and Economic Development Series, 1997.

[5] TIMMER P. Food security and scarcity:why ending hunger is so hard. Philadelphia: University of Pennsylvania Press, 2015.

[6] DAWE D. The Rice Crisis:markets, policies and food security, London: Earthscan , 2010.

[7] NIEHDF A. Food, diversity, vulnerability and social change, Netherlands: Wageningen Academic Publishers, 2010.

[8] CHONG A et al. International security in the Asia-Pacific: transcending ASEAN towards transitional polycentrism, Switzerland : Palgrave Macmillan, 2018.

[9] FAO REGIONAL OFFICE FOR ASIA AND THE PACIFIC. Asia and the Pacific regional overview of food security and nutrition 2018:accelerating progress towards the SDGs, Bangkok : FAO, 2018.

[10] CHAUHAN B S, JABRAN K, MAHAJAN G, ed. Rice production worldwide, Switzerland: Springer, 2017.

[11] LONG N. Food security, agricultural policies and economic growth:long-term dynamics in the past, present and future. New York: Routledge, Taylor& Francis Group, 2017.

[12] COSSLETT T L, COSSLETT P D, Sustainable development of rice and water resources in mainland Southeast Asia and Mekokng River Basin. Singapore: Springer, 2018.

[13] 基欧汉，奈. 权力与相互依赖. 北京：北京大学出版社，2002.
[14] 奥斯本. 东南亚史. 北京：商务印书馆，2012.
[15] 帕特尔. 粮食战争：市场、权力和世界食物体系的隐形战争. 北京：东方出版社，2008.
[16] 恩道尔. 粮食危机. 北京：知识产权出版社，2008.
[17] 刘颖. 相互依赖、软权力与美国霸权. 北京：中国社会科学出版社，2010.
[18] 曹云华. 东南亚国家可持续发展研究. 北京：中国经济出版社，2000.
[19] 魏达志. 东盟十国经济发展史. 深圳：海天出版社，2010.
[20] 曾艳华. 东盟农业及其与中国农业合作. 桂林：广西师范大学出版社，2013.
[21] 覃主元. 战后东南亚经济史（1945—2000年）. 北京：民族出版社，2007.
[22] 卢肖平. 中国-东盟农业合作. 北京：中国农业科学技术出版社，2006.
[23] 韦红. 地区主义视野下的中国-东盟合作研究. 北京：世界知识出版社，2006.
[24] 陈文. 战后东南亚政治与经济. 南宁：广西人民出版社，1992.
[25] 尤安山. "21世纪海上丝绸之路"建设与中国：东盟经贸新合作. 上海：上海社会科学院出版社，2018.
[26] 卢良恕，王键. 粮食安全. 杭州：浙江大学出版社，2007.
[27] 陆建人. 中国-东盟合作发展报告[M]. 北京：中国社会科学出版社，2015.
[28] 吴崇伯. 当代印度尼西亚经济研究. 厦门：厦门大学出版社，2011.
[29] 公茂刚. 发展中国家粮食安全问题研究. 北京：中国经济出版社，2013.

二、论文

[1] C.Peter Timmer程艳军. 农业和扶贫：国际经验与教训. 农业经济问题，2005（10）.
[2] 考克莱尼斯. 农业的全球化：大米贸易的警示. 史学理论研究，2001（1）. 第112—120页.

[3] 吴崇伯. 东南亚国家的粮食安全问题及其启示. 东南亚纵横, 2000（增刊）, 第101—104页.
[4] 洪凯. 世界粮食危机影响下的东南亚国家粮食安全问题及中国的对策. 东南亚研究. 2008（6）, 第31—35页.
[5] 吴崇伯. 东南亚各国的粮食新政及其与中国的合作分析. 南洋问题研究, 2013（1）, 第42—50页.
[6] 卢肖平. 同心协力 化危为机 共创未来:论中国-东盟农业合作世界农业, 2010（1）, 第1—6页.
[7] 杨东群, 等. 东盟和中日韩区域大米形势与政策思考. 世界农业, 2008（7）, 第28—32页.
[8] 高国庆.东南亚水稻生产的潜力和我们的机遇. 中国稻米, 2009（1）, 第43—45页.
[9] 储昭根. 全球粮食危机启示录. 观察, 2008（1/6）, 第52—55页.
[10] 竺彩华. 世界粮食危机对东亚的影响及其应对. 国际经济合作, 2008（8）, 第76—80页.
[11] 贺圣达. 稻米之路: 中国与东南亚稻作业的起源和发展. 东方论坛, 2013（5）, 第23—30页.
[12] 刘付靖. 东南亚民族的稻谷起源神话与稻谷崇拜习俗. 世界民族, 2003（3）, 第69—75页.
[13] 朱明德. 当前世界大米市场的八大特点. 粮食问题研究, 1996（6）, 第43—44页.
[14] 陈文. 东南亚农业发展与环境问题. 东南亚纵横, 2002（6）.
[15] 苗珊珊. 我国大米产业波动的来源及冲击路径. 华南农业大学学报, 2014（1）, 第64—71页.
[16] 吕开宇, 申兆群. 新加坡粮食安全政策及启示. 中国食物与营养, 2010（11）, 第13—16页.
[17] 钱树静, 侯敏. 马来西亚粮食安全政策及其启示. 广西财经学院学报, 2013（4）, 第90—95页.
[18] 韦红, 窦永生. 菲律宾城市化进程中粮食安全问题及其应对措施评析. 社会主义研究, 2012（5）, 第133—137页.
[19] 陈前恒, 吕之望. 中国与东盟农业合作状况与展望. 东南亚研究, 2009（4）, 第46—50页.

[20] 唐盛尧. 中国—东盟农业比较优势与合作战略研究. 中国科学院博士论文, 2008.

[21] 崔海宁. 东亚粮食安全合作进程: 机制建设、问题与中国对策. 东南亚研究, 2013(5), 第53—59页.

[22] 崔海宁. 东亚粮食安全合作困局与中国的角色. 外交评论, 2014(1), 第90—106页.

[23] 黄季焜, 杨军, 仇焕广. 新时期国家粮食安全战略和政策的思考. 农业经济问题, 2012(3), 第4—8页.

[24] 倪国华, 张璟, 郑风田. 对农业"走出去"战略的认识. 世界农业, 2014(4), 第15—18页.

[25] 杨光, 张晨, 张芸. 农业"走出去"金融政策现状、问题及对策. 世界农业, 2013(9), 第11—13页.

[26] 翟雪玲. 我国农业"走出去"的问题及对策. 国际经济合作, 2006(7), 第7—10页.

[27] 陈翔. 析"一带一路"建设背景下的中国农业外交. 现代国际关系, 2015(10), 第48—53页.

[28] 王永春, 王秀东.中国与东盟农业合作发展历程及趋势展望. 经济纵横, 2018(12), 第88—95页.

[29] 王琦. 东盟与中日韩(10+3)粮食安全与农业投资. 世界农业, 2016(11), 第56—60页.

[30] 贺刚. 城市化发展对东南亚粮食安全的研究. 特区经济, 2011(12), 第97—99页.

[31] 贺平. 东亚的粮食安全与大米储备: 日本的实践与启示. 农业经济问题, 2016(4), 第103—109页.

[32] 曹云华, 胡爱清. "一带一路"战略下中国-东盟农业互联互通合作研究. 太平洋学报, 2015(12), 第73—82页.

[33] 尚永辉, 魏君英. "一带一路"下中国与东盟农业合作研究. 合作经济与科技, 2017(9), 第9—11页.